Gottes Häuser

Herausgeben in Zusammenarbeit mit den
Evang.-Luth. Dekanaten Gunzenhausen,
Heidenheim, Pappenheim und Weißenburg
sowie dem Röm.-Kath. Dekanat Weißenburg

Gefördert vom Landkreis Weißenburg-
Gunzenhausen, der Sparkasse Mittelfranken-Süd
und der Sparkasse Gunzenhausen

Johann Schrenk Karl Friedrich Zink

Gottes Häuser

KIRCHENFÜHRER
Landkreis Weißenburg-Gunzenhausen

wek-Verlag
Treuchtlingen–Berlin

Fotos Umschlag: Vorderseite Mitte das Kirchlein von Hörlbach, links das romanische Münster Heidenheim, die Barockkirche Stopfenheim und die Markgrafenkirche Treuchtlingen; Rückseite die moderne Kapelle im Kreiskrankenhaus Gunzenhausen

Dr. Johann Schrenk, geb. 1948 in Augsburg, Besuch des Humanistischen Gymnasiums des Benediktinerklosters Scheyern/Obb., Studium der Soziologie sowie der Wirtschafts- und Sozialgeschichte an der Universität Hamburg; berufstätig in der Forschung und in der Industrie, heute Schriftsteller und Verleger in Gunzenhausen; veröffentlichte zahlreiche Bücher über seine fränkisch-bayerische Heimat und erhielt dafür einen Literaturförderpreis der Johann-Wolfgang-von-Goethe-Stiftung in Basel.

Dr. Karl Friedrich Zink, geb. 1933 in Roth, Mittelfranken; Studium der Rechtswissenschaften, Kirchlichen Kunst und Christlichen Archäologie. Dissertation über Asylrecht; Tätigkeiten in der Verwaltung, als Rechtsanwalt, 1969–1972 Landrat des Landkreises Gunzenhausen, 1972–1996 Landrat des Landkreises Weißenburg-Gunzenhausen, 1978-2002 Vorstandsmitglied und 1986-2002 Vizepräsident des Verbandes Deutscher Naturparke; Veröffentlichungen u.a. zu Themen kirchlicher Kunst in Altmühlfranken; lebt in Gunzenhausen.

Bibliografische Information der Deutschen Nationalbibliothek
Die Deutsche Nationalbibliothek verzeichnet diese Publikation in der Deutschen Nationalbibliografie; detaillierte bibliografische Daten sind im Internet über http://dnb.d-nb.de abrufbar.

Texte: Johann Schrenk und Karl Friedrich Zink
Abkürzungen: WUG = Weißenburg, GUN = Gunzenhausen, HDH = Heidenheim, T = Tel.-Vorwahl, PLZ = Postleitzahl
Layout, Gestaltung und Druckvorstufe: Schrenk-Verlag Gunzenhausen
Umschlag und Lektorat wek-Verlag Walter E. Keller, Treuchtlingen-Berlin
Fotos: Johann Schrenk (s), Walter E. Keller (k), Harald Braun (b) u.a.
Falls Rechte-Inhaber Urheberrechte beanspruchen, bitten wir um Kontaktaufnahme
Herstellung: W. Lühker GmbH, Weißenburg und Emmy Riedel GmbH, Gunzenhausen. Printed in Germany
Gedruckt auf umweltfreundliches Papier aus 100 Prozent Altpapier
ISBN 978-3-934145-64-1

Einführung

Die Autoren Johann Schrenk und Karl Friedrich Zink, beide Gunzenhausen, haben die über 150 Kirchen im Landkreis Weißenburg-Gunzenhausen in Text und Bild dargestellt. Auch Verleger Walter E. Keller, Treuchtlingen, und Fotomeister Harald Braun, Gunzenhausen, haben Aufnahmen beigesteuert.
Das erfasste Gebiet deckt sich mit der Verwaltungseinheit des Landkreises. Damit wird eine Überschneidung mit dem Gebiet benachbarter Landkreise vermieden, etwa mit dem des Landkreises Roth, für den bereits flächendeckend ein Kirchenführer erstellt worden ist.
Der vorliegende Führer erfasst Gemeinden und Gemeindeteile – Städte, Märkte, Dörfer, Weiler –, die eine oder mehrere Kirchen haben. Die Kirchen sind den Konfessionen zugeordnet. Der Kirchenführer wendet sich an die Bewohner des Landkreises ebenso wie an Besucher und Urlaubsgäste.
Eine Kirche ist ein Raum, der geweiht und auf den Gottesdienst ausgerichtet ist. Der Raum erfüllt gewisse Merkmale, die von der römisch-katholischen bzw. evangelisch-lutherischen Kirche festgelegt sind. Dabei besteht mehr Übereinstimmendes als Trennendes. Mittelpunkt ist der Altar. Hier wird die Eucharistie bzw. das Abendmahl zubereitet und ausgeteilt. Die katholische Kirche hat auf oder neben dem Altar den Tabernakel, der das mittelalterliche Sakramentshäuschen abgelöst hat und zur Aufbewahrung der geweihten Hostie dient. Das Ewige Licht weist auf die Gegenwart der Eucharistie im Tabernakel hin. Zur Ausstattung gehört die – für die evangelische Kirche gleichbedeutende – Kanzel oder ein Ambo oder ein Lesepult für die Schriftlesung bzw. die Predigt. Wesentlicher Bestandteil der Ausstattung ist schließlich der Taufstein für die Taufe. Das Gestühl und gerade in den evangelischen Kirchen auch die Emporen sind auf das Zentrum des gottesdienstlichen Raumes ausgerichtet.
Wesentliche Grundlage für den Führer ist die Denkmaltopographie Bundesrepublik Deutschland – Gotthard Kießling, Landkreis Weißenburg-Gunzenhausen (im Führer abgekürzt als „Denkmalliste“). Diese Denkmaltopographie ist eine Erweiterung der amtlichen Denkmalliste durch Bild und Text.
Der Künstler Josef Lidl aus Weißenburg hat den Landkreis als eine Kirchenlandschaft gesehen und in mehreren seiner „Skizzenbücher“ dokumentiert.
Inhaltlich umschreibt der vorliegende Führer die Geschichte des Kirchenbaus und der kirchlichen Kunst im Landkreis vom 7. Jahrhundert bis in die Gegenwart. Dabei wurden die sichtbaren Reste von Vorgängerkirchen in die Darstellung mit einbezogen, soweit sie die Baukontinuität veranschaulichen, wie bei der Sola-Basilika.
Der überwiegende Bautyp unter den Dorfkirchen ist die Chorturmkirche, bei der das untere Turmgeschoss als Altar- und Chorraum ausgebildet ist. Starke Mauern schirmen diesen Raum ab, der sich nur durch den Chorbogen zum Langhaus hin öffnet. Nach oben ist er durch ein Kreuzgrat- oder Kreuzrippengewölbe oder durch ein Tonnengewölbe geschlossen. Dies bewirkt eine zusätzliche Versteifung der seitlichen Mauern, aber auch eine

Brandsperre zwischen dem Untergeschoss des Turms und seinen Obergeschossen. So boten sich diese den Dorfbewohnern als Zufluchtsort und zur Verteidigung an. Das Gewölbe des Altarraums hatte auch einen hohen Symbolwert. Nach der Vorstellung des Mittelalters war es Abbild des Himmels und ließ die Nähe Gottes spüren. In der Regel war es mit Malereien versehen. Zum gängigen Bildprogramm gehörten die vier Evangelisten und die vier Kirchenlehrer, durch die Christus sich den Menschen mitteilt. Und schließlich ist der Altar unter dem Gewölbe der Ort, da Christus bei der Feier der Eucharistie gegenwärtig ist.

Die Reformation und die Gegenreformation, der Dreißigjährige Krieg und seine Verwüstungen bewirkten tiefgründige Veränderungen, lösten aber auch Impulse für neue Entwicklungen aus. Zu Beginn des 18. Jahrhunderts waren Architekten und Künstler aus Oberitalien und Graubünden, aus Wien und Paris Botschafter der neuen Kunstrichtung des Barocks. Sowohl die katholischen Landesherren als auch die evangelischen bedienten sich des barocken Stils zur Ehre Gottes, aber auch zur Selbstdarstellung.

Die katholische Schlosskirche des Deutschen Ordens in Ellingen wie auch die evangelische Hofkirche der Markgräfin von Brandenburg-Ansbach in Unterschwaningen sind Höhepunkte. Sie markieren Anfang und Ende einer „Südfränkischen Barockstraße", an der sich Kirchen reihen, die alle Spielarten des katholischen und evangelischen Barocks zeigen. Da präsentieren sich die sogenannten Markgrafenkirchen mit ihrem Kanzel-Orgel-Altar in kühler Vornehmheit: die Kanzel ist über den Altar gesetzt, beide sind in die Kanzelwand integriert, die vielfach die Chorbogenöffnung zum alten Turmchor verschließt. Gestühl und Emporen sind im quergestellten Schiff dem Kanzel-Orgel-Altar vorgelagert oder in herkömmlicher Weise im Langhaus angeordnet. Auf Ausmalung des Raumes und auf plastischen Schmuck wird weitgehend verzichtet, wie z.B. Wald, Wettelsheim oder Sammenheim.

Der evangelisch-lutherische Kirchenbau des 18. Jahrhunderts in Altmühlfranken hat aber auch seine farbenfrohe, festliche Variante. Die Patronatsherrschaft dieser Kirchen hatten die Grafen von Pappenheim inne. Es sind herkömmliche Langhausbauten mit eingezogenem Chor und der Kanzel am Chorbogen. Die Emporenbrüstungen sind bemalt mit Bildprogrammen aus dem Alten und Neuen Testament. Auch die Decken zeigen Malereien, eingerahmt von kräftigem Stuck. Diese Kirchen sind in Alesheim und Langenaltheim anzutreffen. Die Emporenmalerei in Auernheim ist älter und steht mit den genannten Kirchen nicht in Zusammenhang.

Im Unterschied zu den evangelischen Kirchen zielen die Kirchen des Deutschen Ordens stark auf Außenwirkung ab. Maria Immaculata, der hl. Georg und die hl. Elisabeth repräsentieren den geistlichen Ritterorden, der sich militärischen und karitativen Aufgaben widmet. Die drei Ordensheiligen schmücken nicht nur die Schauseite der Schlosskirche in Ellingen, sondern auch die Eingangsseiten der Pfarrkirchen in Ellingen und Stopfenheim. Auch hier wird die Eingangsseite zur großen Selbstdarstellung des Ordens, die das Erscheinungsbild an den großen Ausfallstraßen zu den Nachbarterritorien bestimmt. Dabei nimmt man in Kauf, dass die liturgische Ausrichtung der Kirchenräume nach Westen umgepolt wird.

ABSBERG
Marktgemeinde
T 09175 PLZ 91720

KATH. PFARREI
Pfarramt Absberg-Spalt
Marktplatz 3, Tel. 802
absberg@bistum-eichstaett.de
Pfarrkirche St. Ottilia
(ehem. Schlosskapelle)
tagsüber geöffnet
Filialkirche Langlau
(Maria Rosenkranzkönigin)
Info Kath. Dekanat WUG
Pfarreienverbund GUN

Kath. Pfarrkirche St. Ottilia (ehem. Schlosskapelle)

Der Deutsche Orden hatte 1652 Absberg als Reichslehen erworben und ließ 1725 für die Vogtei einen repräsentativen Sitz errichten. Das Schloss ist eine nach Norden ausgerichtete Dreiflügelanlage. Der westliche Seitenflügel zeigt im Eingangsbereich das Wappen des Hoch- und Deutschmeisters Franz Ludwig von Pfalz-Neuburg. Architekt ist der kath. Deutschordensbaumeister Franz Keller. Franz Joseph Roth schuf die bedeutenden Stuckdekorationen im Schloss und in der Schlosskapelle. 1834 erfolgte der Umbau zur katholische Pfarrkirche St. Ottilia. Der Altar kam bei diesem Umbau aus dem ehemaligen Ansbacher katholischen Oratorium, der späteren „Karlshalle". Dabei wurde ein neues Altarbild eingesetzt. Seit 1909/10 wird das

Ehem. Deutschordensschloss mit dem Dachreiter der Schlosskapelle (s)

Hauptaltar in der ehemaligen Schlosskapelle in Absberg. Auf dem Altarbild ist die hl. Ottilie bei einer Blindenheilung zu sehen. (s)

Schloss als „Pflegeheim St. Ottilien“ genutzt (Trägerschaft: Regens-Wagner-Stiftung).
Im Südflügel des Schlosses befindet sich die ehemalige Schlosskapelle. Korinthische Pilaster gliedern die Wandflächen. Dazu als Pendant an der Spiegeldecke flache Stichkappen. Die Deckenstuckaturen mit Blumenbändern, Engelsgruppen und Vasen sind von Franz Joseph Roth. Der Altar besitzt einen säulenartigen Aufbau (um 1780/90). Im Altarbild ist eine Darstellung der Ottilie bei einer Blindenheilung zu sehen.
Die Kanzel ist mit dem Deutschordenswappen des Landkomturs Friedrich Carl von Eyb (1748–64) geschmückt. Eine Mariengruppe unter einem Baldachin befindet sich an der Nordwand. Der Beichtstuhl und die Schnitzereien am Chorgestühl stammen noch aus der ersten Bauzeit um 1730.

EVANG.-LUTH. GEMEINDE
Pfarramt Absberg
Hauptstr. 35, Tel. 78887
Evang.-Luth.pfarramt.
absberg@freenet.de
Christuskirche
tagsüber geöffnet
weitere Kirche: Spalt (Christophoruskirche); Info Evang.-Luth. Dekanat GUN

Evang.-Luth. Christuskirche

Die Kirche wurde unter Hans Konrad von Absberg 1598 als eine der ersten rein protestantischen Kirchen im heutigen Landkreisgebiet neu erbaut.

Die Evang.-Luth. Christuskirche in Absberg und der im 19. Jahrhundert rekonstruierte Altar von 1599 (s)

Von ca. 1650 bis 1834 diente die Saalkirche mit Empore und eingezogenem, dreiseitig geschlossenen Chor als Simultankirche für Protestanten und Katholiken. Die Kanzel neben dem Chorbogen und die Orgel auf der Westempore sind im neugotischen Stil umgestaltet. Der Altar von 1599 (im 19. Jh. rekonstruiert) besitzt eine sehenswerte Kreuzigungsgruppe. Im Chor erinnern Epitaphien an die Ritter von Absberg (Hans Christoph von Absberg, gest. 1562; Hans Konrad von Absberg, gest. 1611, und seine Ehefrauen Maria von Ellerhofen, gest. 1596, und Eleonore Senft, gest. 1631, sowie die Kinder; Hans Veit, gest. 1647, mit „gestürztem“ Wappen).

AHA
Ortsteil der Stadt
Gunzenhausen
T 09831 PLZ 91710

EVANG.-LUTH. GEMEINDE
Pfarramt Aha
Haus Nr. 165, Tel. 3160
pfarramt.aha@gmx.de
Markgrafenkirche
zum Hl. Kreuz,
tagsüber geöffnet;
Pflaumfeld (St. Laurentius),
Unterwurmbach
(St. Jodokus)
Info Evang.-Luth.
Dekanat GUN

Evang.-Luth. Markgrafenkirche zum Hl. Kreuz

Die Markgrafenkirche in Aha entstand 1721 unter der Bauleitung von Karl Friedrich von Zocha nach Plänen des ansba-

chischen Hofbaumeisters Gabriel de Gabrieli. Der Vorgängerbau wurde dabei wegen Baufälligkeit abgetragen. Stehen blieben nur Teile des Turmuntergeschosses. Markant erhebt sich der mit einem Kuppelhelm

Markgrafenkirche in Aha bei Gunzenhausen, nach Plänen von Gabriel de Gabrieli (s)

bekrönte Turm über die Dachlandschaft des Altmühlortes. Die bunt glasierten Turmziegel

Altar der Markgrafenkirche in Aha (s)

Kirchengestühl in Aha (s)

sind weithin sichtbar. Die Westfassade als „Schauseite" ist geprägt durch einen flachen Mittelrisalit mit aufgesetztem Giebel, in dem das markgräfliche Wappen angebracht wurde. Der Saalbau mit vier Achsen und eingezogenem Chor wurde als protestantischer Sakralbau mit doppelgeschossigen Emporen im Westen und entlang der Nordseite ausgestattet, wo anstelle der Fensteröffnungen Blindfenster angebracht wurden. Die Innenausstattung stammt noch weitgehend aus der Bauzeit. Einzig die Orgel wurde später eingebaut. Kanzel und Altar sind voneinander getrennt. Der freistehende Altar erhielt 1866 ein Altarbild mit dem Motiv des leidtragenden Christus, der sich tröstend den Armen zuwendet. Gemalt hat es Severin Benz.

ALESHEIM

Gemeinde
T 09146 PLZ 91793

EVANG.-LUTH. GEMEINDE
Pfarramt Alesheim
Kirchengasse 10
Tel. 225
pfarramt.alesheim@elkb.de
Kirche St. Emmeram
meistens geöffnet,
Schlüssel sonst im Pfarramt;
weitere Kirchen:
Trommetsheim
(St. Emmeram),
Wachenhofen
(St. Hieronymus); Info
Evang.-Luth. Dekanat WUG

Evang.-Luth. Kirche St. Emmeram

Aus der Zeit um 1540 stammt der heutige Bau der St. Emmerams-Kirche in Alesheim. Weithin sichtbar überragt der 1738 aufgestockte, im oberen Teil barocke Turm das Gotteshaus, das ebenfalls im 18. Jahrhundert

vergrößert wurde. Die Auftraggeber für den Umbau waren die Grafen von Pappenheim, die an der Turmostseite und über dem spitzbogigen Chorbogen ihr Wappen anbringen ließen. Das Kreuzgewölbe im Chor trägt Lorbeerstäbe, Girlanden und geflügelte Engelsköpfe als Zier.

Die Langhausdecke hat man 1707 mit qualitätvollen Stuckarbeiten verziert, in deren Mitte das Bild von der Verklärung Christi auf dem Berg Tabor. Dagegen ist auf dem Hauptaltar, dessen Aufbau von 1681 stammt, ein modernes Gemälde der Künstlerin Rosalinde Weber-Hohengrund aus dem Jahre 1989 zu sehen. Es zeigt die Auferstehung Christi. Üppigen Marmor- und Golddekor sowie einen reichen Bilderschmuck be-

St. Emmeram in Alesheim (linke Seite und oben), unten: das Wappen der Grafen von Pappenheim (k)

sitzt die Kanzel von 1709. Zwei Grabsteine aus dem frühen 17. Jahrhundert an der Nordwand des Langhauses und an der Ostwand der Sakristei gehören ebenso wie die vier pyramidenförmigen Grabmäler aus dem frühen 19. Jahrhundert, an der Außenwand neben dem nördlichen Eingang zur sehenswerten Ausstattung von St. Emmeram.

Die Allmannsdorfer Kirche ist ein historisches Kleinod im Fränkischen Seenland. (s)

ALLMANNSDORF
Ortsteil der Marktgemeinde Pleinfeld, T09144 PLZ 91785

KATH. FILIALGEMEINDE
Pfarramt Pleinfeld
Pfarrgasse 2, Tel. 321
pleinfeld@bistum-eichstaett.de
Filialkirche St. Laurentius, Haus Nr. 17, Schlüssel gegenüber; Info Kath. Dekanat WUG, Pfarreienverbund

Kath. Filialkirche St. Laurentius

Die mittelalterliche Chorturmkirche wird von einer Kirchhofmauer umgeben. Das untere Turmgeschoss stammt aus romanischer Zeit; es birgt den Chorraum, der von einem Tonnengewölbe bedeckt ist. Hier wurden interessante spätgotische Fresken entdeckt: An der östlichen Chorstirnwand Christus, der Auferstandene, flankiert von den Aposteln Petrus und Paulus sowie von Matthias und Jakob maior, im Scheitel des Tonnengewölbes ein Christuskopf, der von den Symbolen der Evangelisten umgeben ist, und im unteren Streifen der Wölbung über der Kante zur senkrechten Wand beiderseits vier Apostel mit ihren Attributen.
Im oberen Geschoss des Turmes, das im 15. Jahrhundert aufgesetzt wurde, hat man bei Restaurierungsarbeiten das Fachwerk freigelegt. Das eher schlicht wirkende Langhaus wurde im 17. Jahrhundert neu errichtet.

An seinen Wänden stehen Figuren. Bemerkenswert ist eine Tonplastik, eine Sitzfigur des hl. Laurentius aus dem 15. Jh.

Sitzfigur des hl. Laurentius (linke Seite unten) und Fresken im Chorraum mit „Christus als Gärtner" (oben; Detail im Kasten) (s)

Christus als Gärtner

Gelegentlich wird Christus nach seiner Auferstehung mit einem Spaten dargestellt. Diese Darstellung hat ihre Quelle im Evangelium des Johannes, Kap. 20 Vers 15, wo berichtet wird, dass Maria Magdalena dem Auferstandenen begegnet. „ (...) Sie meint, es sei der Gärtner und spricht zu ihm: Herr, hast du ihn weggetragen, so sage mir, wo hast du ihn hingelegt." Es ist ein Irrtum, dem Maria Magdalena erlegen ist, nämlich eine Verwechslung des Auferstandenen mit dem Gärtner, und diese verschafft Christus das Attribut des Gärtners. Dieses Attribut behält Christus bei, auch über die Darstellung seiner Begegnung im Garten Gethsemane hinaus. Es bleibt ein, wenn auch seltenes, Attribut nach seiner Auferstehung, wie die Darstellung Christi im Kreis seiner Jünger beispielhaft in Allmannsdorf zeigt, und ein Zeugnis für die Unfassbarkeit der Begegnung mit dem Auferstandenen.

AUERNHEIM
Ortsteil der Stadt Treuchtlingen
T 09142 PLZ 91757

EVANG.-LUTH. GEMEINDE
Pfarramt Auernheim, Kurzgasse 22, Tel. 8874; Kirche St. Georg; weitere Kirche: Windischhausen (St. Zeno); Info Evang.-Luth. Dekanat HDH

Evang.-Luth. Kirche St. Georg

Auf einem Höhenzug steht die evangelischen Kirche von Auernheim, die höchstgelegene Mittelfrankens, umgeben von einem ummauerten Friedhof. Für das Jahr 1073 ist die Weihe der Kirche durch den Eichstätter Bischof Gundekar II. bezeugt. Im westlichen Turm sind die Reste des ursprünglich romanischen Chores aus dem 11./12. Jahrhundert erhalten. Das Langhaus wurde vermutlich erst im späten Mittelalter errichtet und dann in mehreren Etappen im 17. und 18. Jahr-

Linke Seite: Kirche in Auernheim (k); oben: Blick auf Bechthal (s)

hundert umgebaut und erweitert. Die Absonderung des bestehenden Altarraums erfolgte durch einen neu eingezogenen, flachen Rundbogen im Osten des Langhauses. Auf dem Altar, wie die Kanzel aus dem Jahr 1688 stammend, ist die Kreuzigung Christi mit Johannes und Maria abgebildet. Gewundene Säulen und üppige, ohrwerkartige Ornamente zieren den Altaraufbau. Im Auszug erkennt man das Wappen des Markgrafen Georg Friedrich des Jüngeren. Über dem Altar steht die Orgel, mit Prospekt von 1722 und Orgelwerk von 1912, auf einer Empore. Augenfällig sind die 20 Bildfelder an den Emporenbrüstungen. Sie stammen von dem Maler Johann Jakob Brenner und wurden 1680 angefertigt. Gezeigt werden Szenen aus dem Leben Christi.

BECHTHAL
Ortsteil der Gemeinde Raitenbuch
T 09147 PLZ 91790

KATH. FILIALGEMEINDE
Pfarramt Raitenbuch
Nennslinger Str. 6
Tel. 300
raitenbuch@bistum-eichstaett.de
Filialkirche St. Margaretha
Schlüssel bei Familie Blob, Bechthal 3;
Info Kath. Dekanat WUG, Pfarreienverbund WUG

Kath. Filialkirche St. Margaretha

Bereits um 1000 soll es in Bechthal eine dem hl. Vitus geweihte Kirche gegeben haben. Der heutige Bau dürfte aber auf die zwischen 1182 und 1188 von Bischof Otto von Eichstätt geweihte Kirche zurückgehen.

Der Hochaltar und die Seitenaltäre der Bechthaler Kirche stammen aus dem ausgehenden 17. Jh. (s)

Die an einem Hang über dem Anlautertal errichtete Kirche St. Margaretha in Bechthal ist eine Chorturmanlage aus der 2. Hälfte des 12. Jahrhunderts. Ende des 17. Jahrhunderts wurde sie vielleicht durch den Eichstätter Hofbaumeister Jakob Engel barock umgestaltet, auch der Hochaltar stammt aus dieser Zeit. Zur wertvollen Einrichtung gehören die Figur der Margaretha mit dem Drachen und ein Kruzifix, beide um 1520, sowie das gleichzeitige dreigeschossige Sakramentshaus an der Nordwand des Chores, das aus dem Umfeld von Loy Hering stammt. Drei Kalkstein-Epitaphe aus dem 15. und 16. Jahrhundert sind im Vorraum des Langhauses zu sehen.

BERGEN

Gemeinde
T 09148 PLZ 91790

EVANG.-LUTH. GEMEINDE
Pfarramt Bergen-Thalmannsfeld, Dannhausener Str. 10,
Tel. 2 51
Pfarramt-Bergen@t-online.de
Kirche St. Georg
Schlüssel auf Anfrage im Pfarramt; weitere Kirchen:
Kaltenbuch (St. Nikolaus)
Thalmannsfeld (St. Ulrich)
Geyern (St. Bartolomäus)
Info Evang.-Luth.
Dekanat WUG

Evang.-Luth. Kirche St. Georg

Nach dem Einsturz des Turmes der um 1200 errichteten Vorgängerkirche im Jahre 1771 ergänzte

Oben und unten: die St.-Georgs-Kirche in Bergen (s)

man die verbliebenen Stockwerke des Chorturmes 1773 mit einem polygonalen Obergeschoss und einem Spitzhelm. Auch das dreiachsige Langhaus wurde neu an den Turm angefügt. Vom Vorgängerbau blieb der Orgelprospekt von 1732 erhalten. Die Orgelempore befindet sich hinter dem Altar oberhalb der Sakristei. Auch an den Langhausseiten im Norden und Westen wurden Emporen angebaut. An der emporenfreien Südseite befinden sich die Kanzel und ein sehenswerter hölzerner Kruzifixus aus der Zeit um 1730. Bemerkenswert ist die Taufschüssel aus der Werkstatt eines Nürnberger Beckenschlägers (16. Jh.), auf der die Verkündigung Mariens zu sehen ist. Ähnliche Taufschüsseln befinden sich in Geyern und Kaltenbuch.

BIBURG
Ortsteil der Marktgemeinde
Nennslingen
T 09147 PLZ 91790

KATH. EXPOSITUR
Pfarramt Raitenbuch,
Nennslinger Str. 6, Tel. 300
raitenbuch@
bistum-eichstaett.de
Kirche St. Clemens
tagsüber geöffnet
Info Kath. Dekanat WUG
Pfarreienverbund WUG

Kath. Kirche St. Clemens

An der höchsten Stelle im Dorf liegt St. Clemens innerhalb der Kirchhofmauer. Dominikus Barbieri sorgte 1756 für den Umbau der Kath. Filialkirche St. Clemens, deren Turmuntergeschoss und untere Langhausmauern noch aus dem ausgehenden 12. Jh. stammen dürften. Damals (zwischen 1181 und 1196) wurde die Vorgängerkiche vom Eichstätter Bischof geweiht.

Linke Seite: Altar und Außenansicht der Kirche in Biburg; oben: Die Figur der hl. Maria mit dem Kind in der Biburger Kirche St. Clemens stammt aus dem 15. Jh. (s)

Aus dem Mittelalter blieb die spätgotische Figur Maria mit dem Kind (um 1480) erhalten. Den Hochaltar von 1730 ziert ein Gemälde aus dem 19. Jahrhundert. Auch die Altarbilder der beiden 1994 renovierten Seitenaltäre entstanden in dieser Zeit. 1858 hatte der Maler Michael Werner die Altarblätter geschaffen.

BIESWANG

Ortsteil der Stadt Pappenheim
T 09143 PLZ 91788

EVANG.-LUTH. GEMEINDE
Pfarramt Bieswang
Rosengasse 15
Tel. 85311, Fax 85312
pfarramt.bieswang@elkb.de
Kirche St. Martin, Kirchgasse
tagsüber geöffnet
Info Evang.-Luth. Dekanat Pappenheim

Evang.-Luth. Kirche St. Martin

Das Martins-Patrozinium in Bieswang lässt den Schluss zu, dass hier bereits im 9. Jahrhundert eine Kirche mit Kirchhof

Martinskirche in Bieswang (k)

Über dem Chorbogen in der Bieswanger Kirche prangt das Wappen der ehemaligen Landesherren, der Reichserbmarschälle von Pappenheim. (k)

entstanden sein muss. Noch aus romanischer Zeit ist das Turmuntergeschoss, während das Langhaus und die Turmobergeschosse auf die Bauzeit von 1673/74 zurückdatierbar sind. Das Wappen am Chorbogen verweist auf die Reichserbmarschälle von Pappenheim als Landesherren. Das Patronat oblag jedoch bis weit ins 16. Jahrhundert hinein dem Kloster Rebdorf, was nach der Reformation zu politischen Spannungen führte. Im Inneren birgt die Bieswanger Chorturmkirche eine mit Bandel- und Gitterwerk geschmückte sehenswerte Stuckdekoration aus dem Jahre 1724, während das Deckengemälde, das an die Taufe Christi erinnern soll, eine Arbeit des Eichstätter Künstlers Süßmaier aus dem 19. Jahrhundert ist. Die Spiegeldecke über der Westempore ist durch Stichkappen untergliedert, über denen zusätzlich Blumenmotive und Rauchvasen angebracht wurden. Im Chorraum hat man das Kreuzgratgewölbe ebenfalls dem barocken Zeitgeschmack angepasst. Am Altar zeigt das Gemälde, wie das der Kanzel aus dem 19. Jahrhundert, die Ölbergszene, während das Bild an der Nordwand die Auferstehung Christi darstellt. Der im Stil des Klassizismus gestaltete

Taufstein aus dem Jahre 1793 und ein „interessant gearbeiteter, reich mit Beschlägen versehener Opferstock“ (Denkmalliste) gehören zu den weiteren Preziosen der Bieswanger Kirche.

BROMBACH
Ortsteil der Gemeinde Haundorf
T 09834 PLZ 91729

EVANG.-LUTH. GEMEINDE
Pfarramt Gräfensteinberg
Dorfstr. 53, Tel. 09837/255
Filialkirche St. Johannis Baptist
Info Evang.-Luth.
Dekanat GUN

Außenansicht und Altarraum der Brombacher Kirche (s)

Evang.-Luth. Kirche St. Johannis Baptist

Die kleine Filialkirche, ein dreiachsiger Saalbau aus der Bauzeit von 1752 bis 1754, wurde anstelle der im Dreißigjährigen Krieg zerstörten Vorgängerkirche erbaut. Der Bau wird von einem dekorativen Dachreiter mit Helm geschmückt. Ursprünglich befanden sich Kanzel und

Altar in einer Vertikalen, und an den Langhausseiten waren im Norden und Westen Emporen eingebaut.
Seit einer umfangreichen Renovierung in den Jahren von 1979 bis 1982 sind Altar und Kanzel getrennt und nur noch die Westempore vorhanden. Der Altar erhielt ein Retabel mit einem Bild der Taufe Jesu aus dem Jahre 1984. Aus der Zeit um 1490 stammt noch die Figur des hl. Vitus, eine „gute“ Arbeit, so Georg Dehio in seinem Kunstführer über Franken.

BUBENHEIM
Ortsteil der Stadt
Treuchtlingen
T 09142 PLZ 91757

EVANG.-LUTH. GEMEINDE
Pfarramt Wettelsheim-Bubenheim, Pfarrgasse 6, Wettelsheim, Tel. 8413
pfarramt.wettelsheim@elkb.de
Heilig-Kreuz-Kirche,
am Wochenende geöffnet;
Info Evang.-Luth.
Dekanat Pappenheim

Evang.-Luth. Kirche
Hl. Kreuz

Die nach außen eher schlicht wirkende Kirche liegt auf einer erhöhten, vor den Hochwassern der vorbeifließenden Altmühl geschützten Terrasse über dem Ort. Umgeben ist sie von einem Friedhof. Der bestehende Bau stammt zu wesentlichen Teilen aus dem 18. Jahrhundert, wobei man bei dem Neubau von 1749 noch Bauteile aus der Vorgängerkirche verwendet hat. 1863 wurde dann nochmals eine „Verschönerung“ vorgenommen, wovon eine Inschriftentafel berichtet. Dem sollte die Renovierung von 1986 entgegenwirken, bei der man den zuvor bestehenden barocken Raumcharakter wieder herstellte. Auch die Ausstattung stammt größtenteils aus der Bauzeit von 1749.
Beherrschend ist im Inneren der Kanzelaltar, ein typisches Kennzeichen des protestantischen Kirchenbaus in der Mitte des 18. Jahrhunderts. Über dem einfachen Blockaltar erhebt sich die Kanzel auf einer mit Weinranken geschmückten Predella. Das vergoldete Blattwerk an den Kanten trägt ebenso zur Schmuckhaftigkeit der Kanzel bei wie das Deckenbild mit der Himmelfahrt Christi und der Schalldeckel mit dem bekrönenden Kreuz. Neben dem Altar verstärken der Taufstein, das seitliche Gestühl und die zwei flankierenden Türöffnungen das sich zum Gemeinderaum hin orientierende Ensemble. Hier stehen die Gläubigen und die Verkündigung von Gottes Wort im Zentrum der Raumarchitektur.

Die Hl.-Kreuz-Kirche in Bubenheim (rechte Seite) birgt im Inneren einen sehenswerten Kanzelaltar aus dem 18. Jahrhundert. (k, Roth)

235 1-4
INTR 750
347 1-6
357
2-3
157

Außenansicht der Kirche in Büttelbronn. Die Aufnahme verdeutlicht den einst wehrhaften Charakter der Kirchenanlage. (k)

BÜTTELBRONN
Ortsteil der Gemeinde Langenaltheim
T 09142 PLZ 91799

EVANG.-LUTH. GEMEINDE
Pfarramt Rehlingen-Büttelbronn, Bergstraße 6, Rehlingen, Tel. 3355
kirche-rehlingen@web.de
Trinitatiskirche, Dorfstraße
weitere Kirche:
Peterskapelle Monheim, Am Petersberg;
Info Evang.-Luth. Dekanat Pappenheim

Evang.-Luth. Kirche SS. Trinitatis und Beatae Mariae Virginis

Die bis zu 5 m hohe Kirchhofmauer in Büttelbronn vermittelt noch heute den wehrhaften Charakter der Kirchenanlage, die im Kern mittelalterlich ist. Der Torturm in der Mauer erfuhr im 16. Jahrhundert eine umfassende Renovierung. Wie vielerorts ist auch in Büttelbronn nur noch das Turmuntergeschoss aus der Zeit des 12. Jahrhunderts (Kirchenweihe zwischen 1182 und 1189) erhalten geblieben. Die oberen Turmgeschosse mit ihren martialisch wirkenden Schießscharten und das mit mächtigen Strebepfeilern gesicherte Langhaus wurden 1724 neu erbaut. Im unteren Ge-

Der barocke Altar in der Büttelbronner Kirche besticht durch seinen kunstvollen Aufsatz. (k)

schoss des Turmes befindet sich der mit einem mittelalterlichen Kreuzgratgewölbe überdeckte Chor, wobei das Rankenwerk und der Bandelwerkstuck erst im 18. Jahrhundert aufgebracht wurden. Dass auch Büttelbronn wie die Kirchen in Alesheim, Dietfurt oder Theilenhofen zur Herrschaft der Grafen von Pappenheim gehörte, zeigen das stuckierte Wappen über dem Chorbogen und das Wappen über dem barocken Altar. Dort ist im Zentrum die Abendmahlsszene abgebildet, während im Altaraufsatz kunstvoll gestaltete Relieffiguren die hl. Dreifaltigkeit darstellen. Weitere sehenswerte Ausstattungsstücke sind der mit dekorativem Maßwerk verzierte Taufstein aus dem 15. Jahrhundert und der klassizistisch gestaltete Orgelprospekt auf der Südempore. Grabsteine von zwei Geistlichen sind am Chorbogen angebracht worden. Sie erinnern an die beiden Pfarrer Johann Heinrich Zorn (gest. 1748) und B. Georg Raab (gest. 1715).

BURGSALACH

Gemeinde
T 09147 PLZ 91790

EVANG.-LUTH. GEMEINDE
Pfarramt Burgsalach
Hiselau 2, Tel. 940350
pfarramt.burgsalach@elkb.de
Kirche St. Coloman,
Hiselau;
tagsüber geöffnet
Info Evang.-Luth.
Dekanat WUG

Evang.-Luth. Kirche St. Coloman

Über einem für den Altmühljura typischen Jurahaus erhebt sich in Burgsalach der Kirchturm von St. Coloman (links). Im Chorraum (oben und unten) fällt der modern gestaltete Altaraufbau aus dem 20. Jahrhundert auf. (s)

Als 1746 ein verheerender Brand ausbrach, wurde das Burgsalacher Gotteshaus arg in Mitleidenschaft gezogen. Das Langhaus musste erneuert werden. Die Mittel für die Turmerhöhung konnten erst 1885 aufgebracht werden. Der Vorgängerbau war zwischen 1057 und 1075 durch Bischof Gundekar II. von Eichstätt geweiht worden. Ältester Teil ist auch hier das mittelalterliche Turmuntergeschoss mit dem Chor. Während der „purifizierenden Renovierung“ 1964/65 wurde ein Großteil der Einrichtung entfernt, darunter auch zwei der drei Emporen. 1986 erfolgte dann wieder eine partielle Rekonstruktion des Innenraums, wobei das Deckengemälde freigelegt und der

Chorraum samt Altar neu gestaltet wurden. Hier umfasst der moderne Altaraufbau aus dem 20. Jahrhundert Gemälde aus dem vorangehenden Säkulum. Über dem Eingangsportal befindet sich an der Außenwand eine Sandsteinplatte, in deren Mittelteil ein bärtiger Kopf zu sehen ist. Eine Inschrift aus dem Jahre 1460 weist ihn als den Kirchenheiligen „Koloman“ aus. Ein in Pyramidenform gestaltetes Urnengrabmal für Georg Michael Schmauser (gest. 1817) ist an der Turmostseite zu sehen.

CRONHEIM
Ortsteil der Stadt
Gunzenhausen
T 09831 PLZ 91710

KATH. PFARREI
Pfarramt Gnotzheim,
Spielberger Str. 22,
Tel. 09833/95907
gnotzheim@bistum-eichstaett.de
Pfarrkirche Maria Magdalena,
Haus Nr. 166; tagsüber geöffnet; Info Kath. Dekanat WUG
Pfarreienverbund GUN

Kath. Pfarrkirche Maria Magdalena

Die im Kern romanische Chorturmkirche wurde 1666 auf Veranlassung von Fürstbischof Marquard II. Schenk von Castell erweitert (Langhaus erhöht) und renoviert (u.a. neue Turmhaube) sowie 1898 nochmals nach Westen verlängert. Noch jüngeren Datums sind die Deckengemälde (1911/16) und der Hochaltar, der um 1900 neu errichtet wurde. Zu sehen ist hier ein Altarbild des Eichstätter Künstlers

Die Pfarrkirche in Cronheim (oben) birgt im Inneren ein sehenswertes Deckengemälde aus dem 20. Jh. (s)

Die Kanzel der Cronheimer Pfarrkirche wurde im ausgehenden 17. Jahrhundert gefertigt. (s)

Willibald Wunderer, das die Namenspatronin der Kirche, die hl. Magdalena zeigt (Mitte 18. Jh.). Auf den Cronheimer Ortsadel geht vermutlich der älteste Grabstein aus der Zeit um 1450 zurück. Weitere Epitaphien stammen aus dem 17. Jahrhundert.

DEGERSHEIM

Ortsteil der Marktgemeinde Heidenheim
T 09833 PLZ 91719

EVANG.-LUTH. GEMEINDE
Pfarramt
Heidenheim II, Tel. 786
Kirche St. Martin
Info Evang.-Luth.
Dekanat HDH

Evang.-Luth. Kirche St. Martin

Für den bestehenden Neubau von 1767 lieferte der Ansbacher Hofbaumeister Johann David Steingruber die Pläne. Das Langhaus wurde neu angefügt und der Turm mit einem

polygonalen Obergeschoss und einem Zeltdach versehen. Der Mittelrisalit betont den Schaucharakter der Westfassade, die mit breiten Rustikalisenen geschmückt ist. Im Innenraum die typisch protestantische Einrichtung: Kanzelaltar, bestehend aus Altar, Kanzel und Orgelempore in einer Vertikalen und ein mit drei Emporen bestücktes Langhaus (im Westen Doppelempore), das den Altarraum umschließt. Der in der alten Kirche noch angebaute Chorraum unterhalb des Ostturmes wurde hinter dem Altar abgetrennt. Zwischen Altar und Kanzel ist ein Bild mit einer Kopie von Leonardos Abendmahl zu sehen. Der Kunstkritiker Georg Dehio schreibt zum Degersheimer Gotteshaus: „Für die Landkirchen Steingrubers typische schlichte Anlage“.

Linke Seite und oben: Markgrafenkirche in Degersheim (s)
unten: Vortragskreuze und ein Detail vom Taufbecken (s)

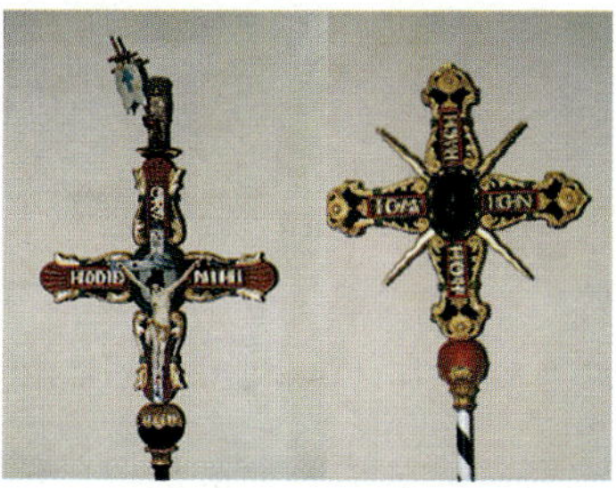

DETTENHEIM

Ortsteil der Stadt Weißenburg
T 09141 PLZ 91718

EVANG.-LUTH. GEMEINDE
Pfarramt Dettenheim-Graben
Hauptstr. 7, Tel. 7644
r.kufeld@t-online.de
Kirche St. Nikolaus
Info Evang.-Luth.
Dekanat Pappenheim

Evang.-Luth. Kirche St. Nikolaus

Noch vergleichsweise jung ist das Kirchenschiff der evangelischen Kirche. 1862 hat man es nach den Plänen von Wilhelm Langenfaß neu errichtet, nachdem bereits im 17. Jahrhundert der Turm der zwischen 1057 und 1075 geweihten Vorgängerkirche erhöht worden war. Selbständige Pfarrei war Dettenheim, das über Jahrhunderte hinweg unter der Herrschaft der Grafen von Pappenheim stand, erst 1480 geworden. Bis dahin fungierte die Kirche als Fili-

Oben und links: die Kirche St. Nikolaus in Dettenheim (k)

alkirche von Emetzheim. Einzig die glasierten Dachziegel schmücken den schlanken Helm des fünfgeschossigen Chorturmes, dessen Untergeschoss noch aus dem Mittelalter stammt. Im Inneren ist die Ausstattung erwähnenswert: Der zweisäulige Altaraufbau ist noch aus der Zeit um 1700, das Vortragskreuz wurde 1771 gefertigt, die Kanzel ist im klassizistischen Stil errichtet und der Kruzifixus ist eine Arbeit von Karl Hemmeter aus dem Jahre 1936.

KATH. FILIALGEMEINDE
Pfarramt Weißenburg,
Holzgasse 3
Tel. 85860
weissenburg@
bistum-eichstaett.de
Filialkirche St. Gunthildis
tagsüber geöffnet
Info Kath. Dekanat WUG
Pfarreienverbund WUG

Kath. Filialkirche St. Gunthildis

Auf dem Gelände des ehem. Pappenheimischen Schlösschens, einem zweigeschos-

sigen Mansarddachbau aus dem Jahre 1782, wurde 1956 im Fachwerkstadel die katholische Filialkirche St. Gunthildis auf Initiative des Pfarrers Gregor Schneid eingerichtet. „Der Altarraum befindet sich in einem westlich angefügten Bauteil, ein Glasdach über dem Altar sorgt für die Belichtung des gesamten Raumes. Auf der Orgelempore, die im ehemaligen Heuboden untergebracht wurde und die sich zum Altarraum hin öffnet, steht eine Orgel von 1746, die aus Niedermauk nach Dettenheim kam. Ein separat stehender hölzerner Glockenturm

Oben und unten: die Gunthildis-Kirche in Dettenheim in einer Scheune (k)

macht auf die „Scheunenkirche" aufmerksam. Als Kirchenpatronin wurde die hl. Gunthildis gewählt, deren Wallfahrtsstätte sich im Schambachtal in der Nähe der Hammermühle bei Suffersheim befand. Deshalb wurden für den Altarsockel nicht nur Steine aufgemauert, die man aus verschiedenen Bauernhöfen am Ort zusammentrug, sondern auch noch Baureste der Gunthildiskapelle." (Denkmalliste)

DIETFURT
Ortsteil der Stadt Treuchtlingen; T 09142 PLZ 91757

EVANG.-LUTH. GEMEINDE
Pfarramt Dietfurt-Schambach
Kirchenbuck 2, Tel. 8516
Pfarramt.Dietfurt@t-online.de
Kirche St. Johannes
geöffnet: Winterhalbjahr am Wochenende, Sommerhalbjahr täglich (Ostern bis Reformationsfest); Info Evang.-Luth. Dekanat Pappenheim

Evang.-Luth. Kirche St. Johannes

Nach den bauhistorischen Befunden stammt das Turmfundament aus der Zeit um 1070, als die Kirche unter Bischof Gundekar II. von Eichstätt geweiht wurde. Erhöht wurde der Turm im Jahre 1619. Laut Inschriftentafel erhielt er nach einer Reparatur im Jahre 1680 einen neuen

Die Dietfurter Kirche St. Johannes (k)

Turmkopf. Das Langhaus wurde 1716 neu errichtet und 1903 nochmals durch einen Anbau erweitert. Am Chorbogen verweist ein Wappen auf die Grafen von Pappenheim, die als Patronatsherren der Dietfurter Kirche fungierten. Die Westempore greift weit in den Kirchenraum hinein. Akanthusranken schmücken den zweisäuligen Aufbau des Hauptaltars. Drei Jahre nach dem Neubau des Kirchenschiffes fertigte der Oettinger Künstler Martin Geiß den Altar, in dessen Retabel das Bild von Christus am Ölberg zu sehen ist, eine Arbeit von Kurt Meier aus München. Dasselbe Motiv ist auch auf dem Deckengemälde von 1717 zu erkennen. Im Auszug des Altars ist die Kreuzigung Christi im Bild festgehalten. Aus der Zeit um 1780 stammen Kanzel und Taufstein.

Kirche St. Peter und Paul in Dittenheim (Schwab, s)

DITTENHEIM
Gemeinde
T 09834 PLZ 91723

EVANG.-LUTH. GEMEINDE
Pfarramt Dittenheim
Sammenheimer Str. 5, Tel. 309
pfarramt.dittenheim@elkb.de
Kirche St. Peter und Paul
Sammenheimer Straße
tagsüber geöffnet
weitere Kirche: Windsfeld (St. Gangolf); Info Evang.-Luth. Dekanat GUN

Evang.-Luth. Kirche St. Peter und Paul

Erst Markgraf Georg Friedrich d. J. gelang es, in den Jahren von

Links oben: Kreuzigungsgruppe am Hochaltar (Schwab); rechts oben und darunter: Taufstein und Detail (s)

1699 bis 1702 für die seit dem 16. Jahrhundert baufällige Kirche in Dittenheim einen Nachfolgebau zu errichten. Zu viele Herrschaften hatten in Dittenheim das Sagen, und so konnten die Mittel für den Bau nicht früher aufgebracht werden, obwohl das Gotteshaus seit 1626 nicht mehr nutzbar war. Der Ansbacher Markgraf konnte für das überfällige Bauvorhaben keinen geringeren als seinen besten Mann, den Ansbacher Hofbaumeister Gabriel de Gabrieli aufbieten, unter dessen Leitung der Neubau des Langhauses und die Anpassung des spätgotischen Chorraums erfolgten, bevor dann auch 1729 der Turm um die Obergeschosse erweitert und dem Zeitgeschmack des Ba-

Mitte und unten: Gestühl und Speisgitter am Hauptaltar (s)

Jubel über der Kanzel

Wohl kein zweiter Kirchenraum des Mittleren Altmühltals aus dem 18. Jahrhundert besitzt eine derart noble Ausstattung wie die evangelische Kirche in Dittenheim. Der aus Graubünden stammende Baumeister Gabriel de Gabrieli ist am Wiener Barock geschult, und er hat seine Künstler mitgebracht. Die Merkmale des evangelischen Gottesdienstraumes sind noch nicht entwickelt, die Kanzel ist noch nicht in die Altarwand integriert. Von daher könnte die Kirche auch für den katholischen Gottesdienst geschaffen sein. Die zweigeschossigen Emporen geben Dittenheim aber eindeutig den Charakter einer lutherischen Predigtkirche. Die beglückende Einheit von Ausstattungselementen beider Konfessionen kulminiert auf dem Kanzeldeckel in einem Reigen graziler musizierender Engelsputten, die an durchscheinenden Perlmutt- und Insektenflügeln zu schweben scheinen. (s)

rocks angepasst werden konnte. Wegen eines Brandes musste dieser jedoch 1793 nochmals neu gebaut werden. Das Verdienst des Markgrafen für den Neubau der Kirche ließ dieser sich deutlich sichtbar über den beiden Eingangsportalen im Süden und Norden in Stein verewigen. In prachtvollen Farben prangen dort in gesprengten Giebeln die markgräflichen Wappen, und auch die Ausstattung wurde dem repräsentativen Anspruch des Auftraggebers mehr als gerecht. Auch die Innenausstattung folgte diesem Anspruch. Nach Abschluss der Bauarbeiten konnten bereits im Jahre 1702 der Altar, die Kanzel und der Taufstein eingerichtet werden. Künstler ist wohl Johann Amon, der zur Arbeitsgruppe des Guiseppe Volpini am Ansbacher Hof gehörte. 1715 folgte die Orgel.

Gemäß den Vorgaben eines protestantischen Sakralbaus erhielt das Langhaus im Norden und Westen je eine Doppelempore. Der Hochaltar trägt ein Bild von der Kreuzabnahme, ganz nach dem Vorbild des niederländischen Malers Rubens. Im Altarauszug ist in einem ovalen Bild der Auferstandene zu sehen, flankiert von zwei Engeln mit Palmenzweigen. Die Kanzel befindet sich seitlich des Chorbogens. Sie ist aufwendig dekoriert, u.a. mit Bildern der vier Evangelisten und des segnenden Christus. Auch vier musizierende Engel und der Auferstandene mit der Siegesfahne gehören zum ikonographischen Programm der bemerkenswert kunstvoll gestalteten Kanzel. Ebenfalls von herausragender Qualität ist der Taufstein, dessen flaches Becken von sieben Puttenhermen getragen wird. Den mit Akanthusranken verzierten Deckel bekrönt eine gut gearbeitete Figur des hl. Johannes des Täufers. In den Jahren der jüngsten Renovierung von 1984 bis 1987 entstanden die Deckenbilder im Langhaus. Geschaffen hat sie der in Schwabach lebende Künstler Heinrich Karl Mangold.

DÖCKINGEN
Ortsteil der Gemeinde
Polsingen
T 09093 PLZ 91805

EVANG.-LUTH. GEMEINDE
Pfarramt Döckingen
Hauptstr. 27, Tel. 264
Kirche St. Urban
Hauptstraße
Info Evang.-Luth.
Dekanat HDH

Oben und rechte Seite: Kirche St. Urban in Döckingen (b)

Evang.-Luth. Kirche St. Urban

Im Stil der Neugotik entstand in den Jahren 1873 und 1874 der Neubau der Döckinger Pfarrkirche, nachdem man den Vorgängerbau abgetragen hatte. Vorbild war vermutlich die 1960 abgetragene katholische Kirche in Gunzenhausen, die 1867/68 erbaut worden war. Besonderes Merkmal ist der im Westen aufragende Turm mit seinen drei Geschossen und den auffällig großen Schallöffnungen. Bekrönt wird der Turm über vier Giebeln von einem Spitzhelm. Auf ebenso markante Weise untergliedern Strebepfeiler zwischen den Fenstern den fünfachsigen Bau des Langhauses. Im Inneren ist das Gotteshaus weitgehend einheitlich im Stil der Neugotik ausgestattet. Einzig der Taufstein und der Kruzifixus, vermutlich von dem Ansbacher Bildhauer Giuseppe Volpini gefertigt, stammen aus der Zeit um 1720. Volpini hat auch für die Evang.-Luth. Kirche in Gunzenhausen den Kruzifixus geschaffen.

A Ω

Georgskirche in Dornhausen (s)

DORNHAUSEN
Ortsteil der Gemeinde Theilenhofen; T 09834 PLZ 91741

EVANG.-LUTH. GEMEINDE
Pfarramt Theilenhofen
Hauptstr. 27, Tel. 6811
Kirche St. Georg; Info Evang.-Luth. Dekanat GUN

Evang.-Luth. Kirche St. Georg

Aus spätgotischer Zeit stammt noch das untere Turmgeschoss (1451), während die oberen Geschosse erst 1733 entstanden sind. Das Langhaus, eine barocke Neuschöpfung nach den Plänen Johann David Steingrubers, wurde 1741 errichtet und 1795 um ein Joch nach Westen verlängert. Die Kirchhofmauer entstand 1747. Der Charakter einer Chorturmkirche ging mit dem Langhausneubau verloren. Der Chorbogen wurde 1741 zugemauert und der Altar vor der neu entstandenen Ostwand aufgestellt. Es handelt sich dabei um einen typischen Kanzelaltar im Stil des evangelisch-markgräflichen Barocks. Das dekorative Altarkreuz ist eine Arbeit aus dem Jahre 1750. Links und rechts des Altars bieten die beiden Türen die Möglichkeit des Umgangs beim Abendmahl. Typisch für den protestantischen Sakralbau

Nikolauskirche in Dorsbrunn (b)

dieser Zeit sind auch die an drei Seiten umlaufenden Emporen, die auf schlanken Säulen aufliegen. Zwei Grabmale in Pyramidenform sind von einer Urne bekrönt und schmücken die Außenwand des Gotteshauses.

DORSBRUNN
Ortsteil der Marktgemeinde Pleinfeld; T 09144 PLZ 91785

KATH. EXPOSITUR
Pfarramt Stopfenheim
Ellinger Str. 4
Tel. 09141/5780
stopfenheim@
bistum-eichstaett.de
Kirche St. Nikolaus,
tagsüber geöffnet
(im Sommer)
Info Kath. Dekanat WUG,
Pfarreienverbund WUG

Kath. Pfarrkirche St. Nikolaus

Die aus dem Spätmittelalter stammende Dorsbrunner Pfarrkirche wurde im 18. Jahrhundert im Stil des Spätbarocks umgebaut. In ihren Ursprüngen geht sie auf eine im frühen 12. Jahrhundert geweihte romanische Kirche zurück. 1767 entstand das Langhaus größtenteils neu. Der Chor wurde erhöht und mit einem turmartigen Dachreiter ausgestattet. Das im Inneren flach gedeckte Langhaus ist ebenso wie der Chor mit einem schlichten Stuckwerk geschmückt. Alle drei Altäre sind Schöpfungen des frühen 18. Jahrhunderts. Den Hochaltar flankieren die beiden Figuren der hl. Barbara und der hl. Katharina aus dem frühen 16. Jh. Die 14 Kreuzwegstationen im Stil des Biedermeiers stammen aus dem 19. Jh.

ELLINGEN

Stadt
T 09141 PLZ 91792

KATH. PFARREI
Weißenburger Str. 24
Tel. 2508
ellingen@bistum-eichstaett.de
Pfarrkirche St. Georg
Weißenburger Straße 31
tagsüber geöffnet
Gruftkapelle Mariahilf
Weißenburger Straße;
Schlosskirche Mariä
Himmelfahrt,
Schloßstraße;
Spitalkirche St. Elisabeth,
Rosental, tagsüber geöffnet;
Kirche St. Maximilian,
Schmalwieser Weg, tagsüber
geöffnet; weitere Kirchen:
Filialkirche Ottmarsfeld
(St. Ottmar); Ökumenische
Kapelle Massenbach
Info Kath. Dekanat WUG
Pfarreienverbund WUG

Georgskirche in Ellingen (b, s)

Kath. Stadtpfarrkirche St. Georg

Die Grundmauern der Ellinger Stadtpfarrkirche stammen aus der Bauzeit der Vorgängerkirche, deren Entstehungsgeschichte noch unklar ist. Das liegt daran, dass für Ellingen zwei Kirchweihen urkundlich überliefert sind (die erste für das Jahr 1058 unter dem Eichstätter Bischof Gundekar II. und eine zweite Weihe für die Zeit zwischen 1182 und 1196 unter Bischof Otto), aber nicht eindeutig auf den heutigen Bau zu beziehen sind. Die Grundsteinlegung für die von Franz Joseph Roth erbaute neue Kirche fand am 5. April 1729 statt. Die Weihe erfolgte am 15. Juli 1731.

Die Figur des hl. Michael auf dem Schalldeckel der Kanzel erinnert nicht nur an das Patrozinium der Vorgängerkirche. Der Splitter einer Sprengbombe in der Hand des Kirchenheiligen gemahnt an die Zerstörung eines Teils der Kirche im Zweiten Weltkrieg, an dessen Ende (25. Februar 1945) Ellingen unter schweren Beschuss durch die Bomberverbände der Alliierten geraten war.
Da die Kirche an der Weißenburger Straße stand, wo das Weißenburger Tor im Süden den Abschluss der Barockstadt Ellingen bildete, hat man die Schaufassade nicht, wie üblich, nach Westen, sondern nach Osten ausgerichtet. Hier erhebt sich der Turm in Form eines Mittelrisalits. Das mit Bandelwerk und Pilastern üppig dekorierte Eingangsportal wird von den Figuren des hl. Georg und der hl. Elisabeth bekrönt. Es sind Schöpfungen des Ellinger Bildhauers Johann Wagner. Darüber, im Hauptgeschoss, steht, ebenfalls von Wagner geschaffen, Maria Immaculata in der Mittelnische auf einem Volutensockel als Hauptheilige des Deutschen Ordens vor den hll. Georg und Elisabeth. Unter Landkomtur von Hornstein erfolgte der Neubau. Sein Wappen ist im Gesims über dem Eingangsportal zu erkennen, während das zweite Wappen unterhalb der Schallöffnung an den Hoch- und Deutschmeister Franz Ludwig von Pfalz-Neuburg erinnert.

St. Michael mit dem Schwert (s)

Das Langhaus und den westlichen Querbau zieren die Büsten der zwölf Apostel über den Fensterverdachungen. Im Westen bildet der halbrunde Bau des Chores mit den beiden Anbauten für die Sakristei und die Logenräume einen ansprechenden Abschluss, der sich harmonisch an die Ostfassade der benachbarten Mariahilfkapelle anpasst.
Im Inneren dominieren Emporen, Gewölbe und Pilaster das Erscheinungsbild. Augenfällig über dem Chorbogen das Wappen des Deutschen Ordens im Spiegelgewölbe, das mit zwei Stichkappen ausgestattet ist. Der Chorraum selbst überrascht durch seine schlanken Pilaster, die mit frei komponierten Kapitellen abschließen. Der Stuck-

dekor von Franz Joseph Roth schmückt die Seitenwände des Chores, die darüberhinaus mit Freskenmalereien verziert sind, Arbeiten mit dem Motiv von Heiligen, welche die Trinität anbeten. Im Zentrum des Chorraums erhebt sich der aus der Bauzeit der Kirche stammende Hochaltar, in dessen viersäuligem Aufbau sich das Bild des hl. Georg befindet, gemalt von F. C. Janneck. Der Altaraufbau wurde, ebenso wie die Holzfiguren, von Johann Wagner gearbeitet. Hervorzuheben sind die Figurengruppe Mariä Himmelfahrt über dem Altar, die Pietàgruppe im Tabernakel, die Figur des mit dem Drachen kämpfenden Michael (!) an der Kanzel und das Relief der Verkündigung Mariens an der Nordwand. Aus der Werkstatt von Johann Friedrich Maucher sind die beiden seitlich des Hauptaltars aufgestellten Figuren des Karl Borromäus und Kaiser Heinrichs II. Beide Seitenaltäre sind aus Roth'schem Stuckmarmor gefertigt. Sie tragen alabasterweiß gefasste Holzfiguren, links der hl. Josef, rechts der hl. Xaver, die aus der Werkstatt von Johann Friedrich Maucher stammen. Im nördlichen Querhausbau zeigt das Altarbild von F. C. Janneck (bez. 1729) die Almosenspende Elisabeths. Vor dem Aufbau befinden sich zwei Figuren der hll. Walburga und Elisabeth. Im südlichen Querhausbau ist im Altar als Pendant dazu die Anbetung der Hirten dargestellt, während die beiden Figuren für die hll. Anna und Joachim stehen.

Im Langhaus fällt der Blick auf das großflächige Deckengemälde, das die Tempelreinigung durch Chriustus darstellt. Umrahmt wird das Bild von einem stuckierten Deutschordenskreuz. Ölgemälde von Johann Chrysosthomos Winck aus der Zeit um 1778 befinden sich im Chor und im Langhaus, darunter die Anbetung der Hl. Drei Könige, die Opferung im Tempel, die Anbetung der Hirten, die Abendmahlsszene, die Geißelung und Dornenkrönung, die Auferstehung Christi und das Pfingstfest. Georg Vischer malte die Bilder für die Kreuzwegstationen im Jahre 1742.

Gruftkapelle Mariahilf

1731 entstand der Zentralbau der Gruftkapelle Mariahilf unter

Gruftkapelle Mariahilf (s)

Oben: Pilaster, Supraportenfenster und Wappenkartuschen zieren die Schauseite der Mariahilfkapelle in Ellingen. Unten: Altar mit dem Bild der hl. Maria (k)

der Bauleitung von Franz Joseph Roth an Stelle einer im Verlauf des Neubaus der Pfarrkirche abgetragenen Kapelle aus dem Jahr 1676. Dem Bauherren, Landkomtur Karl Heinrich Freiherr von Hornstein, der den Auftrag für den Kapellenneubau erteilte, ging es um seine Grablege, und so befindet sich noch heute der mit einer Glasplatte abgedeckte Sarkophag des Deutschordenskomturs in der unterirdischen Gruft der Kapelle. Neben ihm ruht Landkomtur Johann Ludwig von Rottenbach. In einer ebenfalls hier befindlichen Zinnkapsel hat man das Herz des Landkomturs von Lehrbach verwahrt. Die Ostfassade der Kapelle wendet sich wie ein Pendant zur Westseite der ebenfalls 1731 errichteten

Pfarrkirche und ist mit einem von Pilastern flankierten Portal, einem ovalen Supraportenfenster und der Wappenkartusche für den Landkomtur von Hornstein üppig geschmückt.
Im Inneren beeindrucken die Stuckaturen, die vermutlich vom Architekten selbst angefertigt wurden. Die Deckenfresken hat wohl Johann Georg Bergmüller geschaffen, während die Michaelsfigur an der Fassade vermutlich von Johann Wagner stammt. Fresken und Stuckaturen beherrschen auch den Innenraum der Grabkapelle. Im Zentrum des Spiegelgewölbes, das in eine Laterne mündet, erinnert das Bild von der Auferstehung Christi an die Sehnsüchte der hier Ruhenden. Das Altarbild zeigt Maria, während die beiden Figuren, die noch aus der Vorgängerkapelle stammen (um 1680), Maria Victoria und den hl. Sebastian darstellen. Einer der beiden Epitaphien erinnert an den Bauherrn, Landkomtur Hornstein, der im Jahre 1745, 14 Jahre nach dem Bau der Gruftkapelle, verstorben ist.

Kath. Schlosskirche Mariä Himmelfahrt

Die ursprünglich gotische Schlosskirche aus dem Jahre 1274 wurde im 18. Jahrhundert dem barocken Stil des Schlosses angepaßt (1717 durch Franz

Nordseite des Ellinger Schlosses mit dem Turm der Schlosskirche (k)

Oben: Fassade der Schlosskirche und Ostseite mit Orgel und Deckengemälde; rechte Seite: Haupt- und Seitenaltäre (s)

Keller und 1746 bis 1752 durch Franz Joseph Roth und Matthias Binder), wobei der Turm im Norden und die nach Süden ausgerichtete Portalfassade völlig neu errichtet wurden. Auf den Eckpostamenten des Turmes sind die Figuren der vier Evangelisten zu sehen, während der diesen zugeordnete Salvator Mundi als Turmspitze auf der Kuppelhaube thront. Die Südfassade der Kirche, die ihrerseits den Nordflügel der Schlossanlage bildet, wurde den übrigen Flügeln des Schlosses angepasst. Hier besticht vor allem der mit zwei seitlichen Pilastern ausgestattete Portalrisalit, der üppig mit Skulpturen geschmückt ist, u.a. mit der Figur der Maria Immaculata von Johann Wagner aus dem Jahre 1748. Darüber befindet sich das Wappen für Landkomtur Franz Sigismund von Satzenhofen, und im Giebel darüber prangt in einer sehenswerten Kartusche das Wappen für den Deutschmeister Clemens August, Herzog von Bayern. Von Friedrich Maucher wurden die Figuren des hl. Georg und der hl. Elisabeth im Jahre 1747 gefertigt. Der Innenraum überrascht die Besucher durch die prunkvolle und zugleich farbenprächtige Ausstattung. Weißer Stuck und graugelb stuckierter Marmor beherrschen die üppige Szenerie. Von Franz Joseph Roth stammen die Stuckaturen (1717/18). Er war Keller 1724 als Deutschordensbaumeister gefolgt. Das Auge verliert sich in zahllosen Details:

Im Inneren der Schlosskirche (s)

korinthische Kapitelle, gekuppelte Pilaster und zwei böhmische „Platzeln" in Form weitgespannter Wölbungen über dem Langhaus. Ferner die Statuen der vier Kirchenväter, der kunstvoll gestaltete Stuckmantel des Chores mit dem Deutschordenskreuz in der Wappenkartusche und der in grauem und rotem Stuckmarmor gefasste Hochaltar des Augsburger „Stuccadors" Franz Xaver Feichtmayr, der nach Plänen Roths mit einer aufwendigen, dreigeschossigen Barockarchitektur eingerahmt wurde. Ebenso die beiden Seitenaltäre aus der Zeit des Rokokos, die wie aus Marmor gefertigt scheinen. Die Deckengemälde werden Johann Anton Pinck zugeschrieben. Zahlreiche Wappen und Epitaphien bezeugen die Geschichte des Deutschen Ordens. „Die Ellinger Schloßkirche ist wohl der interessanteste katholische Sakralbau der Region. Die spezifischen Voraussetzungen als Residenzkirche des Deutschordens brachten für den markant in die Vierflügelanlage des Schlosses eingebundenen Bau im Zusammenspiel gotischer Raumvorgaben und barocker Gestaltungskraft eine prachtvolle, festliche Erscheinung, in der die doppelschalige Chorlösung mit ihren Durchblicken als besonderer Höhepunkt gelten kann." (Denkmalliste)

Spitalkirche St. Elisabeth

Bereits am Anfang des 18. Jahrhunderts begann der Deutsche Orden damit, bedeutende Bauten in Ellingen neu errichten zu lassen, darunter das dreiflügelige Elisabethspital vor den Toren der Stadt.

Wie in den meisten Fällen waren die Vorgängerbauten aus der frühen Zeit des Deutschen Ordens (12. Jh.; im alten Schlossareal gelegen) inzwischen nicht mehr den Platzerfordernissen im 18. Jh. gewachsen. Dass der Bau des neuen Spitals vor dem der neuen Residenz erfolgte, unterstreicht die besondere Bedeutung des Spitals, dessen neue Kirche im Nordflügel 1708 geweiht wurde.

Ihren Glanz erhielt die Spitalkirche nachträglich durch die Stuckarbeiten von Franz Joseph

Roth verliehen, die dieser im Auftrag des Landkomturs von Hornstein durchführte. 1753 wurde die Anlage nochmals um ein Stockwerk erhöht und erhielt dabei die zur Straßenseite hin sichtbare Figur der hl. Elisabeth von Leonhard Meyer. Heute wird St. Elisabeth als Seniorenanlage genutzt.

Der von außen eher unscheinbare Bau der Spitalkirche – einzig der Chorbau und der Dachreiter verweisen auf seine sakrale Bestimmung – zeichnet sich im Inneren durch eine feine, spätbarocke Architektur aus. Über dem Altar im Osten breitet sich ein Gewölbe mit Stichkappen aus, das reich mit Stuck verziert ist. Unübersehbar prangt an der Decke das Deutschordenswappen.

Oben: die Ellinger Spitalkirche (k)
unten: Fassade des Spitals (s)

Im Inneren der Spitalkirche (k)

Franz Joseph Roth zeichnet hier und auch im Langhaus für den Deckenstuck verantwortlich.
Mit Pilastern und korinthischen Kapitellen hat er die Wandflächen geschickt untergliedert. Das ikonographische Programm umfasst die acht Seligpreisungen und die Brotmehrung. Der eigentliche Chorraum ist zum Langhaus hin durch eine reich verzierte Holzwand abgetrennt worden, deren zwei Türen den Weg zur Chorapsis freigeben. Unter dem großen Altarbild wirkt der Altaraufbau eher klein. Der Tabernakel wird von zwei Engelsfiguren flankiert. Das Gemälde über dem Altar zeigt die hl. Elisabeth, die gerade Almosen an Bedürftige verteilt. Sehenswert sind die Figurengruppe der Anna selbdritt (um 1500) und die bronzene Tafel für Philipp Benedikt Forstmeister von Gelnhausen (gest. 1716), der das Spital im 18. Jahrhundert neu gestiftet hat.

Kirche St. Maximilian

Die vermutlich von Franz Joseph Roth im Jahre 1733 erbaute und ein Jahr darauf geweihte Maximilianskirche befindet sich westlich außerhalb der Stadt. Johann Wagner schuf vermutlich die von der Stadt aus sichtbare Kreuzigungsgruppe. Das Bogenfeld unter dem Gesims zeigt das Wappen des Landkomturs von Hornstein.

St. Maximilian (s)

Erst jüngst, in den Jahren von 1993 bis 1995, erfolgte eine vollständige Restaurierung, bei der die noch größtenteils erhaltene Innenausstattung vom Schmutz der Jahrhunderte befreit wurde. Sehenswert sind im Inneren auch die Deckenfresken aus der Werkstatt von Johann Georg Bergmüller (s. Kasten S. 54).
Auffällig geschwungen sind die Emporen. Alles zusammen verleiht dem Innenraum eine elegante Ausstrahlung. Sehenswert ist das Wappen des Freiherrn Karl Heinrich von Hornstein über dem Chorbogen. Noch aus der Bauzeit der Kirche stammt der Hochaltar mit seinem zweisäuligen Aufbau.

Hochaltar der Maximilianskirche (s)

Ihn zieren eine Marienfigur Leonhard Meyers und ein Ge-

Meister barocker Deckenmalerei

Der Sitz der Ballei Franken des Deutschen Ordens hat im 18. Jahrhundert eine starke überregionale Anziehungskraft auf Baumeister, Künstler und Kunsthandwerker ausgeübt. Neben den Markgrafenstädten Ansbach und Bayreuth und den fürstbischöflichen Städten Würzburg, Bamberg und Eichstätt hat Ellingen sich im Barock und Rokoko dank der Residenz, den Kirchen und seiner Stadtstruktur mit Rathaus, Bürgerhäusern und Brücken ein charaktervolles Eigengewicht gegeben. Bedeutende Künstler aus Wien, Würzburg, Augsburg und aus Oberbayern haben ihren Anteil daran. Neue örtliche Werkstätten sind entstanden und haben in die Region ausgestrahlt.
Neben der Schlosskirche und der Stadtkirche ist in dieser Epoche die Maximilianskirche von hoher künstlerischer Qualität entstanden. Sie hat auch ihr äußeres Ambiente bewahrt, den alten Baumbestand, die Wegkreuze und Kapellen sowie die Allee an den Wassergräben. Die hochwertige Originalausstattung im Inneren gipfelt in den Deckenmalereien mit ihrem reichen Stuckrahmenschmuck. Die Fresken zeigen den Kirchenpatron im Chor und die Personifikation von Glaube, Hoffnung und Liebe im Langhaus. Sie zeigen eine unbeschwerte Eleganz und Frische. Als Schöpfer kommt wohl nur Johann Georg Bergmüller, der Direktor der Augsburger Freskantenschule, oder ein hervorragender Mitarbeiter seiner Werkstatt in Betracht.

mälde mit der Darstellung des hl. Dominikus, der das Kreuz betrachtet. Von Johann Wagner dürften die beiden Figuren von Anna und Joachim stammen, die sich jeweils seitlich des Altars in einer Muschelnische befinden. Bereits um 1670 hat man die zwei Seitenaltäre angefertigt. Hier sind links die Hl. Familie und, vermutlich erst später dazu gekommen, rechts der hl. Wendelin abgebildet. Der am Hof des Landkomturs angestellte Schreiner Dominikus Biber fertigte um 1750 die Kanzel an der Chorwand. Im Jahr des Neubaus hat sich in der Maximilianskirche eine Johann-Nepomuk-Bruderschaft gegründet, die einige Jahrzehnte später Reliquien des Heiligen aus Rom erhielt.

EVANG.-LUTH. GEMEINDE
Pfarramt Ellingen
Hausner Gasse 23
Tel. 2709
pfarramt.ellingen@elkb.de
Christuskirche
Im Stadtgarten,
tagsüber geöffnet;
weitere Kirche: Hörlbach
(St. Oswald);
Info Evang.-Luth.
Dekanat WUG

Evang.-Luth. Christuskirche

Die evangelische Christuskirche im Ellinger Stadtgarten ist ein Neubau von 1924/25. Architekt war German Bestelmeyer, der sicher nicht darüber erfreut war, dass im Zuge der Bauarbeiten der Kirchturm einstürzte. Dennoch konnte die Weihe am 29. November 1925 erfolgen. Mehrere Emporen umlaufen den Innenraum, ein für einen protestantischen Sakralbau wesentliches Merkmal. Altar und Kanzel sind getrennt aufgestellt. Erst 1935 erhielt das Gotteshaus die Steinmeyer-Orgel, und nochmals 40 Jahre jünger ist der Altar mit dem Kruzifixus von Hermann Schorer aus dem Jahre 1952, den der Georgensgmünder Bildhauers Reinhart Fuchs 1975 neu gefasst hat.

Oben: die Christuskirche in Ellingen; unten: Über dem Altar der Christuskirche der Kruzifixus von 1952 (k)

EMETZHEIM
Ortsteil der Stadt Weißenburg
T 09141 PLZ 91718

EVANG.-LUTH. GEMEINDE
Pfarramt Emetzheim
Hainstr. 1, Tel. 2976
pfarramt.emetzheim@elkb.de
Kirche St. Johannes der Täufer, Burgstraße;
tagsüber geöffnet;
weitere Kirche:
Holzingen (St. Margareta),
Info Evang.-Luth.
Dekanat WUG

Oben und rechte Seite oben: Pfarrkirche in Emetzheim (k)

Evang.-Luth. Kirche St. Johannes der Täufer

Im neuromanischen Stil wurde die Emetzheimer Kirche 1852 erbaut, anstelle einer im Jahre 1363 erwähnten Vorgängerkirche. Das Rundbogenmotiv begegnet dem Besucher allenthalben. Aus der Bauzeit stammt das Bild des Altars, das der Nürnberger Künstler A. Engelhard gefertigt hat. Es zeigt eine Kreuzigungsszene mit Johannes und den trauernden Frauen. Noch aus der Vorgängerkirche sind die beiden Holzfiguren erhalten geblieben, die die Laibung der Altarnische ausfüllen: der Kirchenpatron Johannes d. Täufer und Maria. Ein Gedenkstein nahe der Kirchhofmauer erinnert an einen kaiserzeitlich-provinzialrömischen Kultplatz, der in der Überlieferung auch als Keltentempel bezeichnet wird. Da der Ortspfarrer von Emetzheim, um einem heidnischen Missbrauch vorzubeugen, einen zum „Tempel“ gehörigen Stein zerstören ließ, auf dem u.a. der Fruchtbarkeitsgott Miplezeth mit erigiertem Glied zu sehen war, wird man sich auf Spekulationen beschränken müssen, wenn es um die Herkunft und Bedeutung dieses Fundes geht.
Auch entsprechende Publikationen aus dem 18. Jahrhundert – eines Emetzheimer Pfarrers Georg Christian Feuerlein und des Historikers Johann Heinrich von Falckenstein – bewegen sich im spekulativen Bereich. Im Römermuseum in Weißenburg existiert noch das Fragment eines männlichen Adoranten.

Die Johanniskirche in Ettenstatt (s)

ETTENSTATT
Gemeinde,
T 09148 PLZ 91796

EVANG.-LUTH. GEMEINDE
Pfarramt Ettenstatt-Reuth u. N.
An der Kirche 2, Tel. 95030
pfarramt-ettenstatt@t-online.de
Kirche St. Johannis
weitere Kirche:
Reuth unter Neuhaus
(St. Marien)
Info Evang.-Luth.
Dekanat WUG

Evang.-Luth. Kirche St. Johannis

Die Chorturmkirche aus der Zeit der Spätgotik (um 1480) birgt als Kostbarkeit Malereien

Grabstein der Schenken von Geyern aus dem 17. Jh. (s)

aus der Bauzeit. Im Scheitel des Gewölbes sind Bilder von zwei Engeln freigelegt worden. Im Barock wurde das Innere dem Zeitgeschmack angepasst, wovon die Ausstattung noch heute zeugt.
Das Kreuzrippengewölbe im Turmchor wurde an den gekehlten Rippen mit stuckierten Lorbeerblättern verziert, zusätzlich erhielten die Ecksäulen am Gewölbeansatz Akanthuskapitelle. Das Motiv des Lorbeers erscheint erneut im Deckenstuck des dreiachsigen, langgezogenen Kirchenschiffs. Dort umfängt ein Lorbeerkranz das von 1750 stammende Stuckwappen der Markgrafen von Brandenburg-Ansbach. Der Altar mit seinem etwa 1711 entstandenen, viersäuligen Aufbau bietet ein kleines christologisches Bildprogramm: Auf dem Altarblatt sind Kreuzigung und Kreuzabnahme, an der Predella die Grablegung, auf der Mensa die Auferstehung und am Auszug die Himmelfahrt Christi dargestellt. Die in Intarsienarbeit gestaltete Kanzel und die Chorstühle stammen aus dem 17. Jahrhundert. Im Kirchenraum und an der südlichen Außenmauer sind einige Grabsteine aus dem 17. bis 19. Jahrhundert eingelassen, größtenteils von Bediensteten der Ansbacher Markgrafen und der Schenken von Geyern.

FIEGENSTALL

Ortsteil der Gemeinde
Höttingen
T 09141 PLZ 91798

KATH. PFARREI
Pfarramt Ellingen
Weißenburger Str. 24
Tel. 2508
ellingen@
bistum-eichstaett.de
Pfarrkirche St. Nikolaus
Ortsstraße 28
tagsüber geöffnet;
Mariahilfkapelle
Info Kath. Dekanat WUG
Pfarreienverbund WUG

Kath. Pfarrkirche St. Nikolaus

Der heutige Bau der Chorturmkirche geht auf die Bauzeit um 1400 zurück. Davor existierten bereits zwei Kirchen, die unter Bischof Gundekar II. zwischen 1057 und 1075 und unter Bischof Otto um das Jahr 1190 geweiht wurden. Bereits 1598 erfolgte eine erste Renovierung, worauf das Wappen des Bischofs Johann Konrad von Gemmingen hindeutet, das am Turm angebracht wurde. Weitere Erneuerungsmaßnahmen und Reparaturen folgten in den Jahren 1662, 1705, 1736 und 1762. Außergewöhnlich ist, dass Turm und Langhaus die gleiche Breite aufweisen. Die Schießscharten bezeugen den wehrhaften Charkter des massiven Chorturmes. Auch der Zugang zum Turm ist heute immer noch nur über das Dachgeschoss des Langhauses möglich. Die in Bandelwerkformen ausgeführten Stuckarbeiten und

Oben und unten: Pfarrkirche St. Nikolaus in Fiegenstall (k)

die Kanzel mit ihren ebenfalls von Bandelwerk eingerahmten Evangelistenbildern sind 1736 in der Werkstatt des Eichstätters Franz Horneis entstanden. Aus dem Jahr 1800 stammt der Hochaltar mit seinem von Ägydius Winter geschaffenen viersäuligen Aufbau. Das Altarbild stellt Szenen aus dem Leben des hl. Nikolaus dar und wurde von Anton Weber gemalt. Die Flucht nach Ägypten ist auf dem linken Seitenaltar zu sehen, während rechts eine Marienfigur aufgestellt wurde. Das steinerne Taufbecken aus der Zeit um 1700 hat man mit einer Figur von Johannes dem Täufer ausgestattet. Zwei hölzerne Büsten von Willibald und Nikolaus aus der Zeit um 1760 sowie eine Nikolausbüste des ausgehenden 15. Jahrhunderts gehören ebenfalls zur bemerkenswerten Ausstattung.

Oben und rechte Seite oben: Mariahilfkapelle bei Fiegenstall (s)

Mariahilfkapelle

Auf Veranlassung des Bauern Adam Mindeler wurde nordwestlich von Fiegenstall im Jahre 1722 die Mariahilfkapelle errichtet.
Umgeben ist sie von drei Lindenbäumen, so dass ein sehenswertes Ensemble in der Landschaft entstanden ist. 1962 erfolgte die Erweiterung um einen zweiten Kapellenraum, als Ersatz für einen im Jahre 1800 angefügten hölzernen Vorbau.
Auf dem Deckengemälde ist ein Bild mit der Himmelfahrt Mariens zu sehen. Der Stuck in Bandelwerkform wurde um 1730 gefertigt. Noch aus der ersten Bauzeit stammen die Holzfiguren am Altar.

FRICKENFELDEN
Ortsteil der Stadt Gunzenhausen; T 09831 PLZ 91710

EVANG.-LUTH. GEMEINDE
Pfarramt Unterasbach
Haus Nr. 35, Tel. 266
Kapelle, Mühlstraße 1
Info Evang.-Luth.
Dekanat GUN

Evang.-Luth. Kapelle

Das ehemalige Gemeinde- und Spritzenhaus im Gunzenhäuser Ortsteil Frickenfelden dient heute als evangelische Kapelle. Sie birgt eine bedeutsame Innenausstattung. Der Georgensgmünder Bildhauer Reinhart Fuchs fertigte sie 1996 überwiegend aus Holz und verwendete dabei ein buntes Farbenspektrum (s. Abb. S. 62). Der dreigeschossige Turm wurde 1880 errichtet.

Kapelle in Frickenfelden (s)

Die Kapelle in Frickenfelden wurde von dem Künstler Reinhart Fuchs ausgestaltet. (s)

GERSDORF

Ortsteil der Gemeinde Nennslingen
T 09147 PLZ 91790

KATH. FILIALGEMEINDE
Pfarramt Raitenbuch
Nennslinger Str. 6, Tel. 300
raitenbuch@bistum-eichstaett.de
Filialkirche St. Nikolaus
Schlüssel im Haus
St. Antonius, Gersdorf 34;
Kapelle im Haus St. Antonius
Info Kath. Dekanat WUG
Pfarreienverbund WUG

Kath. Filialkirche St. Nikolaus

Nachdem das Bistum Eichstätt im Jahre 1629 die Patronatsrechte in Gersdorf von der Reichsstadt Nürnberg übereignet bekam, erfolgte 1737 ein Neubau anstelle einer bereits baufälligen Vorgängerkirche aus dem 15. Jahrhundert. Die Pläne dafür lieferte der Eichstätter Baudirektor Gabriel de Gabrieli.

Oben und Mitte:
St. Nikolauskirche in Gersdorf (s)

Ein Obeliskaufsatz bekrönt die Ziegelkuppel des quadratischen Chorturmes. Für den Hochaltar lieferte Georg Leonhard Koller die Pläne, während der zweisäulige Aufbau von Lukas Zwicklein gefasst wurde. Von ihm stammte auch das ursprünglich vorhandene Altarbild, das man später durch eine Figur des hl. Nikolaus (1470/80) ersetzt hat. Die beiden Seitenaltäre aus dem 17. Jahrhunderts besitzen Bilder aus dem 19. Jahrhundert. Franz Horneis schuf 1738 die Stuckkanzel an der Nordseite.

Kapelle im Haus St. Antonius

Das Haus St. Antonius in Gerdorf, eine Einrichtung der Kinder- und Jugendhilfe, untersteht der Kongregation der Dillinger Franziskanerinnen. Die Kapelle wurde modern eingerichtet. (s)

GEYERN
Ortsteil der Gemeinde Bergen
T 09148 PLZ 91790

EVANG.-LUTH. GEMEINDE
Pfarramt Bergen-Thalmannsfeld, Dannhauser Str. 10, Tel. 255; Kirche St. Bartholomäus, Am Schloß; Schlüssel auf Anfrage im Pfarramt Bergen; Info Evang.-Luth. Dekanat WUG

Evang.-Luth. Kirche St. Bartholomäus

Baugeschichtlich geht das heutige Geyerner Gotteshaus zwischen Schloss und Torhaus auf das 15. Jahrhundert zurück, als anstelle einer vermutlich aus dem 12. oder 13. Jahrhundert stammenden ersten Kirche ein spätgotischer Bau errichtet wurde. Dieser wurde dann im 17. und 18. Jahrhundert durch Umbauten grundlegend verändert, wobei auch der Turm erhöht wurde. Aus dem 16. Jahrhundert stammen noch Epitaphien für die hier verstorbenen Angehörigen der Schenken von Geyern.
Im Inneren wird das Bild des Hauptaltars, das die Ölbergszene zeigt, von den beiden Figuren des Petrus und Paulus eingerahmt. Auf der Predella ist das Abendmahl zu sehen. Der Altar

selbst stammt noch aus der Zeit um 1700, ebenso wie die Kanzel, die laut Inschrift 1693 gefertigt wurde. Der Taufstein, ebenfalls aus der Zeit um 1700, besitzt eine wertvolle Taufschüssel aus

Die Bartholomäuskirche (linke Seite) befindet sich in unmittelbarer Nachbarschaft des Schlosses der Schenken von Geyern (rechte Seite unten). Rechte Seite oben: Im Vordergrund ist die Taufschüssel vor dem Altar und dem Speisgitter zu erkennen. (k, s)

dem späten 15. Jahrhundert, eine sehenswerte Beckenschlägerarbeit aus einer Nürnberger Werkstatt. Um 1680 entstanden Temperabilder mit Christus und den zwölf Apostel an den Emporenbrüstungen. „Auf dem jüngeren, heute über dem Kanzelaufgang eingefügten Grabmal ist nach Vorlage von Dürers Kleiner Passion das Jüngste Gericht dargestellt. Ausführender Meister dürfte der Eichstätter Bildhauer Wilhelm Sarder gewesen sein.“ (Denkmalliste)

GNOTZHEIM

Marktgemeinde
T 09833 PLZ 91728

KATH. PFARREI
Pfarramt Gnotzheim
Spielberger Str. 22, Tel. 95907
gnotzheim@bistum-eichstaett.de
Pfarrkirche St. Michael
Kirchenbuck
Schlüssel im Pfarramt
Kirche St. Georg, Kapellbuck
tagsüber geöffnet
Filialkirche Heidenheim
(St. Walburga)
Filialkirche Spielberg
(St. Johannes)
Info Kath. Dekanat WUG
Pfarreienverbund GUN

Kath. Pfarrkirche St. Michael

Bereits 1053 wird in Gnotzheim eine Kirche erwähnt. Dieser folgte ein zweites, im Stil der Romanik errichtetes Gotteshaus, das zwischen 1188 und 1194 unter Bischof Otto geweiht wurde. Nachdem ein erster Neubau samt Turm im Jahre 1699 wieder eingestürzt war, erfolgte ein weiterer, der dann 1702 fertig gestellt und 1710 geweiht werden konnte. Die Michaelskirche, auf einer Anhöhe über dem Ort gelegen, wird von einem hohen Westturm überragt, der mit seiner Zwiebelhaube „auf den schwäbischen Kunstkreis hindeutet. (...) Unterschiedlich geformte Öffnungen, Rundbogenblenden mit eingestellten toskanischen Säulen, Eckpilaster und profilierte Geschoßbänder dekorieren und modellieren den Turm in reichhaltiger, aber dennoch nicht zu kleinteiliger Weise.“ (Denkmalliste) Zwischen dem Langhaus und dem Turm befindet sich eine Ölbergkapelle in einer geräumigen Rundbogenöffnung, ausgestattet mit nahezu lebensgroßen Figuren aus dem 18. Jahrhundert. Auf die Bauzeit des frühen 18. Jahrhunderts verweist auch die Innenausstattung. Stuckaturen mit Lorbeerstäben schmücken das Deckengewölbe und die Emporenbrüstungen. Der 1701

Linke Seite und oben: Pfarrkirche St. Michael in Gnotzheim (s)

geschaffene Altar mit seinem viersäuligen Aufbau stammt aus einer Oettinger Hofschreinerei. Im Altarbild wird die Kreuzigung Christi dargestellt. Über dem Oettinger Wappen im Altargiebel hängt das Bild des Kirchenpatrons. Die beiden Sakramentsengel um 1770 stammen von dem bedeutendsten bayerischen Rokokobildhauer Ignaz Günther.

Die beiden Seitenaltäre wurden um 1720 geschaffen, wobei die im Stil der Nazarener gemalten Bilder dem 19. Jahrhundert zugerechnet werden können. Während Kanzel und Chorgestühl in der Zeit des Barockbaus geschaffen wurden, stammen der Beichtstuhl und der Taufstein aus der Zeit des Klassizismus (um 1800). Noch im 15. Jahrhundert dürfte die Marienfigur gefertigt worden sein, die man dann später mit einem Kranz aus Putten umgeben hat. Auf das Jahr 1600 gehen die Figur des auferstandenen Christus, ein in Stein gearbeitetes Relief des Gottessohnes sowie die barocke Kreuzigungsgruppe zurück. Sehenswert sind auch die Statuen der hll. Ignatius und Franz Xaver (1727 gestiftet) sowie die Büsten von Walburga und Willibald (um 1710). Die originellsten Bestandteile der Kirche sind zwei römische Inschriftensteine in der südlichen Langhauswand nahe dem rechten Seitenaltar, der eine mit der Innenwand, der andere mit der Außenwand bündig vermauert. Der Stein an der Außenwand enthält eine Widmung

an Kaiser Antoninus Pius aus dem Jahr 144 n. Chr., der Stein an der Innenwand eine Weihe-Inschrift für Kaiser Caracalla, unter dem die römischen Truppen 213 n. Chr. den anstürmenden Alamannen widerstanden. Beide Steine stammen wohl aus dem Eingangsbereich des nahe gelegenen Kastells Mediana.

Kath. Kirche St. Georg

Nach den Plänen des oettingischen Baumeisters Francesco de Gabrieli, dem Bruder von Gabriel, wurde in den Jahren von 1725 bis 1727 die Georgskirche im barocken Stil neu erbaut, auf einer Anhöhe nordwestlich des Ortes, anstelle einer nach dem Dreißigjährigen Krieg baufällig gewordenen Georgskapelle des 15. Jahrhunderts. Die Westseite ist als Schaufassade ausgestattet worden. Sehenswert ist hier das von toskanischen Säulen eingerahmte Portal mit dem oettingischen Wappen unter dem geschweiften Giebel, der in einen dekorativen Dachreiter übergeht. Noch aus dem Vorgängerbau stammen die Figuren der Maria mit dem Jesuskind (ca. 1460) und der Anna selbdritt (ca. 1470/80)

Linke Seite: Inschriftentafel des römischen Kastells in Gnotzheim; oben: St. Georg in Gnotzheim; rechts: Portal mit dem oettingischen Wappen (s)

sowie die beiden spätgotischen Tafelbilder mit der Geißelung und Kreuztragung Christi. Der hl. Georg als Reiter dürfte dagegen erst um 1700 geschaffen worden sein. Reich mit Bandelwerk, Gittern und Blumenkörben stuckiert ist die Decke des Chorraumes (mit Monogramm „JHS“). Auch die drei Deckengemälde, auf denen Szenen aus dem Leben des hl. Georg zu sehen sind, wurden mit Stuckbändern umgeben. Über dem Chorbogen prangen die Wappen der Oettinger Grafen in Stuckkartuschen. Während das Georgsbild des Hochaltars (1728) und die Deckenfresken von dem Eichstätter Maler J. Michael Zink gemalt wurden, stammen die

übrigen Ausstattungsstücke aus der Werkstatt des Gnotzheimer Schreiners Matthias Hueber. Die Kanzel ist mit Evangelistenfiguren und Akanthusschnitzwerk geschmückt. „Ungewöhnlich wirken die mit Blatt- bzw. Bandelwerk verzierten Antependien und die geschnitzten Rankenbekrönungen

Heiliggrab: Teil der Liturgie der Karwoche und des Osterfestes (b)

der Seitenaltäre“ (Denkmalliste), die 1738/39 gefertigt wurden. Die Bilder hier zeigen links Mariahilf und rechts Maria mit ihren Eltern Anna und Joachim. 1988 wurde die Orgel neu eingebaut.

Oben links: Kunigundenkirche in Graben (s); oben: Blick von der Empore zum Altar und Detail aus den Wandmalereien (k)

GRABEN

Ortsteil der Stadt Treuchtlingen ; T 09142 PLZ 91757

EVANG.-LUTH. GEMEINDE
Pfarramt Dettenheim-Graben,
Hauptstr. 7, Dettenheim
Tel. 7644
r.kufeld@t-online.de
St.-Kunigunden-Kirche
Karlsgrabenstr., April bis
Oktober tagsüber offen
Info Evang.-Luth.
Dekanat Pappenheim

Evang.-Luth.
St. Kunigunden-Kirche

1970 wurden Reste von Wandmalereien entdeckt, woraus zu schließen war, dass zumindest Chor und Teile der Südwand des Langhauses noch aus dem späten 15. Jahrhundert stammen. Dennoch wurde um 1600 ein Großteil des Kirchenschiffs erneuert. Auch die Chorapsis erhielt bei dieser Gelegnheit neue Seitenfenster. Nochmals Licht bekam der Chorraum an der Stirnseite der Apsis durch den Einbau eines großen Fensters im Jahre 1766. Noch jüngeren Datums ist der kleine Turm im Westen der Kirche, der nach Schäden des Vorgängerbaus 1988 neu errichtet wurde. Die Innenausstattung ist wie das

Äußere eher schlicht. Der Altar von 1702 bekam 1860 ein neues Bild mit der Kreuzigung gestiftet. Dekorativ ist die Kanzel von 1707 mit ihrer Ornamentik rings um den achteckigen Korpus. Ins Auge fallen die Engelsköpfe und Urnen in den Nischen.
Der Chor zeigt in den Wandmalereien Szenen des Jüngsten Gerichts und hinter der Kanzel an der Südwand den Tod Mariens im Kreise der Apostel.

Oben: Die evangelische Kirche in Gräfensteinberg stammt aus dem 14. Jahrhundert. (b) Die Innenausstattung (Bild rechte Seite oben) erhielt das Gotteshaus im 19. Jahrhundert. (s)

GRÄFENSTEINBERG
Ortsteil der Gemeinde Haundorf
T 09837 PLZ 91729

EVANG.-LUTH. GEMEINDE
Pfarramt Gräfensteinberg
Dorfstr. 53, Tel. 255
pfarramt.graefensteinberg@elkb.de
Kirche St. Martin
Dorfstraße
tagsüber geöffnet
weitere Kirche:
Brombach
(St. Johannis Baptist)
Info Evang.-Luth. Dekanat GUN

Evang.-Luth. Kirche St. Martin

Die Chorturmanlage aus dem 14. Jahrhundert wurde nach einem Brand während des Dreißigjährigen Krieg in mehreren Etappen renoviert. 1653 und 1681 erfolgten umfassende Restaurierungen des Langhauses. Neugotisch ist die Ausstattung. Altar und Kanzel stammen aus dem Jahr 1897. Außen an der Südwand sind drei Epitaphien für Pfarrer und eine Pfarrerswitwe aus dem 17. und 18. Jahrhundert angebracht.

GÜNDERSBACH
Ortsteil der Marktgemeinde
Pleinfeld
T 09144 PLZ 91785

KATH. DORFKAPELLE
Pfarramt Pleinfeld
Pfarrgasse 2, Tel. 321
pleinfeld@bistum-eichstaett.de
Kapelle St. Maria, Schlüssel
bei Familie Seibold
Info Kath. Dekanat WUG
Pfarreienverbund WUG

Kath. Kapelle St. Maria

Die Dorfkapelle in Gündersbach wurde im Jahr 1912 neu erbaut. Den Altar erhielt man aus Pfraunfeld, nachdem die dortige Kirche abgebrochen werden musste.

Rechts: Kapelle in Gündersbach (s)

Oben: *Kirche in Gundelsheim;*
unten: Sakramentshaus im Chor (s)

GUNDELSHEIM
a. d. Altmühl

Ortsteil der Gemeinde Theilenhofen; T 09834 PLZ 91738

EVANG.-LUTH. GEMEINDE
Pfarramt Theilenhofen
Hauptstr. 27, Tel. 96811
Kirche St. Bartholomäus
Burgstraße 9
Info Evang.-Luth.
Dekanat GUN

Evang.-Luth. Kirche St. Bartholomäus

Nahe der Stelle, an der einst über dem Ort eine Burg der Herren von Gundelsheim stand, erhebt sich heute das Gotteshaus der Gemeinde im Altmühltal. Vermutlich wurde die Burg im Jahre 1344 zerstört. In dieser Zeit errichtete man die Kirche, deren massiver Chorturm noch heute steht. Das Langhaus wurde in den Jahren von 1905 bis 1908 im Stil der Neuromanik neu errichtet. Auch der Rundbo-

genfries am Langhaus und das Südportal mit dem segnenden Christus im Bogenfeld und den betenden Engeln im Gewände zollen dieser Stilrichtung ihren Tribut. Noch gotischer Herkunft ist das Kreuzrippengewölbe im Chor. Hier ist in der Nordwand eine qualitätvoll gearbeitete spätgotische Sakramentsnische angebracht.

Der Altar stammt aus der Zeit um 1700. Er birgt einen Kruzifixus von 1888/89. Der eigentliche Schatz der Kirche ist die Jugendstilausstattung des Langhauses, insbesondere die Wand- und Deckenmalerei (1907/1908). Bedeutsam ist der Engelsfries unter den gemalten Arkaden. Nach der Beseitigung Mitte der 1960er Jahre wurde diese Malerei in den Jahren 2000/2002 auf einmütigen Wunsch der Gemeindeglieder wieder hergestellt. Der Reigen der Engel ist auf den nachgotischen Kruzifixus über dem Chorbogen hin ausgerichtet (s. Kasten S. 76).

Oben: Innenraum der Gundelsheimer Kirche mit den Jugendstilmalereien (s. Kasten S. 76); darunter ein betender Engel am Portal (s)

Die Engel unter den Lauben – ein theologisches Bildprogramm

Seit der Zeit des Konstantinus, also seit dem 4. Jahrhundert, wurde die Kirche mit der darin Gottesdienst feiernden Gemeinde als Himmlisches Jerusalem gedeutet, so wie Johannes es in seiner Offenbarung beschreibt. Dies galt zunächst für die frühchristliche Basilika. Aber auch jede romanische Basilika und jede gotische Kathedrale verkörpern das neue, das Himmlische Jerusalem. Die Interpretation als Himmelsstadt fand auch im Bildprogramm der Kirchenräume ihren Niederschlag. Im Mittelalter wurde sie mit Mauern, Türmen und Toren dargestellt. In der Gundelsheimer Kirche mit ihrer Jugendstilausmalung umzieht ein Fries gestelzter Arkaden, die an Lauben erinnern, den Innenraum. Viel spricht dafür, dass auch damit die Himmelsstadt dargestellt wird. Und der Thron des Lammes, der nach der Offenbarung die Mitte des Himmlischen Jerusalem bildet, wird in Gundelsheim durch einen ergreifenden spät- oder nachgotischen Kruzifixus dargestellt. Auch der unter den Arkaden stehende Reigen von Engeln gehört zum Neuen Jerusalem. Die Kirchenväter lehren, die Engel seien beim Gottesdienst der Gläubigen anwesend. D.h. die Gläubigen auf Erden und die Engel als Liturgen des Himmels feiern gemeinsam Gottesdienst. Das ist die Botschaft der Gundelsheimer Engel.

GUNDELSHEIM

Ortsteil der Stadt Treuchtlingen; T Wolferstadt 09092 PLZ 91757

KATH. PFARREI
Pfarramt Wolferstadt
Am Kirchberg 7, Tel. 1509
wolferstadt@bistum-eichstaett.de
Pfarrkirche St. Ulrich
tagsüber geöffnet
Info Kath. Dekanat Wemding
Pfarreienverbund Wemding

Kath. Pfarrkirche St. Ulrich

Der heutige Bau der Chorturmkirche geht auf das 17. Jahrhundert zurück, als nach dem Dreißigjährigen Krieg die zerstörte Vorgängerkirche abgebrochen und durch einen Neubau ersetzt werden musste. Das Ulrichspatrozinium ist auf eine Schenkung des Adalbert von Dambach zurückzuführen, der im 11. Jahrhundert sein Gut in Gundelsheim an das Augsburger Kloster St. Ulrich verkaufte. Bereits die zwischen 1182 und 1195 von Bischof Otto von Eichstätt geweihte Kirche besaß als Kirchenpatron den hl. Ulrich. Die Beziehungen ins Schwäbische werden nicht nur am Kirch-

Katholische Pfarrkirche St. Ulrich in Gundelsheim bei Treuchtlingen (k)

Pfarrkirche in Gundelsheim (k)

turm mit seiner dafür typischen Zwiebelhaube sichtbar: Bis zur Gebietsreform gehörte der Ort dem Regierungsbezirk Schwaben an. Dem Kirchenheiligen ist auch das Deckengemälde von Carl Praunek zugeordnet. Es zeigt den hl. Ulrich in der Schlacht gegen die Ungarn im Jahre 955 auf dem Lechfeld nahe Augsburg.

Auf dem Hochaltar mit seinem aus vier Säulen bestehenden Aufbau (1744) wird die Verherrlichung des hl. Ulrich dargestellt. Darüber sind die Wappen der Familie von Seckendorff und der Stübinger zu sehen, zwei Adelsgeschlechter, die nach der Verbindung mit Möhren im Jahre 1480 die Patronatsrechte in Gundelsheim besaßen. Der linke Seitenaltar, wie die Kanzel aus der zweiten Hälfte des 17. Jahrhunderts, wurde im 18. Jahrhundert dem rechten, jüngeren Seitenaltar stilmäßig angepasst. Links befinden sich ein Reliquienschrein für die aus Rom erworbenen Gebeine des hl. Urban (nach 1757) und eine spätgotische Marienfigur im Strahlenkranz. Rechts erinnert eine Figur an die Qualen des hl. Sebastian. Die Kanzel dürfte ähnlich wie der linke Seitenaltar kurz nach der Erbauung der Kirche entstanden sein, wurde aber 1744 stilistisch dem damals neu errichteten Hauptaltar angeglichen. Blickt man nach Westen zur Orgel, erkennt man auf der Emporenbrüstung Jesus und die zwölf Apostel. Linkerhand gelangt man in den neuzeitlich im Westen erfolgten Erweiterungsbau des Langhauses.

GUNZENHAUSEN
Stadt
T 09831 PLZ 91710

EVANG.-LUTH. DEKANAT
Kirchenplatz 13,
Tel. 4017, Fax 4655
Dekanatsbezirk Gunzenhausen
dekanat.gunzenhausen@elkb.de
www.dekanat-gunzenhausen.de

EVANG.-LUTH. GEMEINDE
Pfarramt Gunzenhausen
Kirchenplatz 13, Tel. 884860
pfarramt.gunzenhausen@elkb.de
Kirche St. Mariae Virginis, Kirchenplatz;
tagsüber geöffnet
Winter 9–16 h,
Sommer 9–17 h
Spitalkirche
Löhehaus
Bethelsaal Hensoltshöhe
Infos Evang.-Luth. Dekanat GUN

Evang.-Luth. Stadtkirche St. Mariae Virginis

An der Stelle des römischen Kastells, eines im 7. oder 8. Jahrhundert errichteten Klosters und in Nachfolge einer romanischen Kirche des frühen 13. Jahrhunderts erhebt sich heute der beeindruckende Bau der Gunzenhäuser Stadtkirche. Noch aus der romanischen Zeit

St. Mariae Virginis in Gunzenhausen (s)

sind die unteren Geschosse des mächtigen Kirchturmes erhalten geblieben. Um die Mitte des 15. Jahrhunderts entstand der das Bild der Kirche prägende, hoch aufstrebende gotische Chor, den Baumeister Endris von Kemnaten im Jahre 1461 vollendete.
Von 1469 bis 1496 dauerte es dann noch, bis das neue dreischiffige Langhaus seiner Bestimmung übergeben werden konnte.
Die Seitenschiffe wurden gewölbt. Der Turm erhielt in dieser Zeit seine beiden oberen Geschosse, eines in quadratischer, eines in oktogonaler Form, das Ganze bekrönt von einem achtseitigen Pyramidendach. Die Sakristei stammt aus dem Jahre 1581. 1707 wurden die West-

wand neu aufgerichtet und das Mittelschiff erhöht. „Durch die gotisierende Gestaltung beim großen Umbau 1706/07 erhielt die Kirche sowohl in der Struktur als auch in den architektonischen Formen einen recht einheitlichen, spätgotischen Eindruck: dreischiffige, sechsjochige Staffelhalle (südliches Seitenschiff breiter als nördliches) mit eingezogenem, zweijochigem, 5/8-geschlossenem Chor und Turm in der Kante zwischen südlichem Seitenschiff und Mittelschiff bzw. Chor.

Außen an Chor und Langhaus finden sich an den Jochgrenzen

Strebepfeiler. Der Turm zeigt Rundbogenfriese und Gesimse zwischen den Geschossen sowie Reste von figürlichen Aufsätzen an den Fialen der schräggestellten Polygonseiten, darunter die Figuren der ‚Ringenden' (wohl Jakob mit dem Engel)." (Denkmalliste)

Linke und rechte Seite: Evang.-Luth. Stadtkirche St. Marien in Gunzenhausen (b)

Der würdevollen Schlichtheit des Kirchenäußeren, das in den Jahren von 1976 bis 1989 mit hohem Aufwand vollständig restauriert wurde, entspricht eine unaufdringliche, eher nüchtern wirkende Innenarchitektur, die den Besucher nicht unbeeindruckt lässt. Vielleicht noch aus dem Vorgängerbau stammt ein Christuskopf, ein Volto-Santo-Relief am ersten nördlichen Mittelschiffpfeiler. Das erst im Jahre 1954 freigelegte, überdimensionale Christophorusfresko an der Ostwand des südlichen Seitenschiffs stammt aus dem Jahre 1498. Von bemerkenswerter Eleganz ist das Grabdenkmal des 1503 verstorbenen Ritters Paul von Absberg, eines Zeitgenossen und Kampfgefährten Götz von Berlichingens. Das Werk zeigt den Ritter in voller Rüstung, knieend vor dem Bild des Gekreuzigten. Das Monument zählt zu den schönsten spätgotischen Arbeiten seiner Art im süddeutschen Raum. Es dürfte vom Meister der Ansbacher Schwanenritter gefertigt worden sein. Die Innenausstattung stammt überwiegend aus dem frühen 18. Jahrhundert, nachdem man 1706 und 1707 daran gegangen war, das Innere der Kirche neu zu gestalten. Im Zuge dieser Bereinigung im Stil einer „barocken Neugotik“ (Dehio) erhielt das Gotteshaus die Orgelempore im Westen und auch die Nordempore. Unter Markgraf Carl Wilhelm Friedrich wurde auf dieser 1729 ein Herrschaftsstand eingebaut, zu dem der Ansbacher Fürst samt Gefolge von außen über eine Treppe gelangte (noch heute vorhanden). Im Jahre 1850 wurde bei einer umfassenden Restaurierung ein Großteil der barocken Einrichtung, darunter auch der Herrschaftsstand, entfernt, so dass heute fast ungetrübt der spätgotische Baustil wieder zum Tragen kommt. Überlebt haben diese „Regotisierung“ das Kruzifix des Kreuzaltars (1705) und die barocke Kanzel aus Nussbaumholz mit ihrem Posaunenengel auf dem Schalldeckel (1707). Der Gekreuzigte ist eine meisterhafte Arbeit des markgräflichen Hofbildhauers Guiseppe Volpini aus Ansbach. Von ihm stammt auch der Entwurf für die Kanzel, die von dem Gunzenhäuser Schreiner Balthasar Nieß gefertigt wurde. Der Aufbau des Hochaltars im Stil der Neugotik umgibt das noch vom alten Altar stammende Gemälde des Ansbacher Malers Johann David Fillisch. Das Bild von 1707 zeigt die Verklärung Christi.

Zum ikonographischen Programm der Kirche heißt es in der Denkmalliste: „Nach dem Zweiten Weltkrieg konnten an der Chornordwand spätgotische Wandbilder und eine Sakramentsnische freigelegt werden, die etwa aus der Bauzeit des Chores, der zweiten Hälfte des 15. Jahrhunderts, stammen. An den beiden westlichen Jochen verläuft ein etwa 2 m hoher Bildstreifen, der Christus und die zwölf Apostel präsentiert. Alle Figuren zeigen in Schriftbändern von rechts nach links die Verse des Glaubensbekenntnisses.

Zur rechteckigen Sakramentsnische gehört ein hohes Wandbild mit einem gemalten Sakramentshaus, in dem Darstellungen des Schmerzensmannes, der Arma Christi und zweier Engel integriert sind. Etwa zeitgleich mit der

Die neue Orgel wurde 2007 geweiht. (b)

Chorausmalung dürften die ornamentalen Malereien, die sich in den Fensterlaibungen des Langhauses erhalten haben, entstanden sein."

Aus der jüngsten Zeit stammen die fünf farbig gestalteten Glasfenster im Chor. Entworfen hat sie der bekannte Künstler Gottfried von Stockhausen in den Jahren von 1989 bis 1995, gefertigt hat sie die Mayer'sche Hofkunstanstalt in München. Leider wird das zentrale Christusfenster durch den Altaraufbau verdeckt, so dass der Zyklus künstlerisch gesehen nicht voll zur Entfaltung kommt. Ein Christophorusfresko aus dem Jahre 1498 wurde im Jahre 2000 wieder restauriert. 2007 konnte die neue Orgel aus der Werkstatt des Orgelbaumeisters Thomas Jann eingeweiht werden. Vor der Kirche erwartet die Jakobspilger eine Jakobsfigur des 2008 verstorbenen Künstlers Ernst Steinacker.

Stockhausen-Fenster, Christophorusfresko und Absberg-Epitaph (s)

Die Spitalkirche nach der Außenrenovierung 2007/2008 (s)

Spitalkirche

Markgrafenwappen und Stuckarbeiten zieren die Langhausdecke. (b)

Die Gunzenhäuser Spitalkirche geht auf eine Spitalstiftung des Jahres 1352 zurück. Stifter war Burkhard von Seckendorff, dem die zum Spital gehörige Kirche zum Hl. Geist seit seinem Tod im Jahre 1365 als Grablege dient. Im Spitalgebäude befindet sich heute eine Jugendherberge. Die Kirche wurde 1611 im nachgotischen Stil und 1700/02 im barocken Stil renoviert. Im Jahre 2008 wurde die jüngste Außenrenovierung abgeschlossen. Bekrönt wird das Langhaus von einem oktogon geformten Dachreiter mit Kuppelhaube und Laterne. Der eingezogene Chor ist quadratisch. An ihn schließt sich das Langhaus an, das bei der Renovierung zu Beginn des 18. Jahrhunderts eine aufwendig gestaltete Stuckdecke des Ellingers Heinrich Auernheimer erhielt. Prachtstück ist das in Stuck gefasste Markgrafenwappen im Zentrum der Decke des Langhauses, an dessen Nordseite eine Empore eingebaut wurde. Auch im Chorbau ziert Stuckdekor, bestehend aus Akanthusranken, Fruchtgirlanden und Engelsköpfen, die Decke. Darunter erhebt sich der Hochaltar mit seinem zweisäuligen Aufbau, einem Gemälde mit der Taufe Christi und einem markgräflichen Wappen im Aufsatz zwischen Giebelstücken. Oberhalb des runden Chorbogens wurde das Stifterwappen Burkhards von Seckendorff eingelassen.

Darunter befindet sich in der Mitte des Chores sein Hochgrab, auf dem Burkhard liegend in voller Rüstung als Hochrelief dargestellt ist. Sehenswert ist auch die reiche heraldische Zier seines Turnierhelms. Zum Langhaus hin folgt der Kreuzaltar, der ebenso wie der Hochaltar und die mit üppigem Rankenwerk versehene Kanzel aus der Zeit um 1700 stammt. Auf dem Kreuzaltar erinnert der Gekreuzigte an den Kruzifixus Volpinis in der Stadtkirche, der etwas jüngeren Datums ist.

Löhehaus

Gemeinderaum im Löhehaus (s)

Das Löhehaus an der Specksrothstraße ist eine Einrichtung der Evang.-Luth. Gemeinde in Gunzenhausen. Es enthält den Löhesaal, der gottesdienstlichen Zwecken dient. Die gediegene Ausstattung vom Ende des 20. Jahrhunderts besteht aus Altar und hölzernem Taufstein. Über dem Altar hängt eine querovale, konvex geformte Scheibe, matt vergoldet, vor der ein barocker Christus schwebt, der Gekreuzigte und Wiederkommende.

Oben und rechte Seite: Bethelsaal in der Hensoltshöhe (s)

Bethelsaal (Hensoltshöhe)

„Wenn man den Bethelsaal betritt“, so Pfarrer Hermann Findeisen, Rektor des Mutterhauses Hensoltshöhe in Gunzenhausen, „wird der Blick des Besuchers wie von selbst auf die Gestaltung der Altarwand gelenkt. Sie beherrscht eindeutig den Raum.“ Der Bethelsaal befindet sich in der „Keimzelle“ der Hensoltshöhe. Hier stand vor knapp einhundert Jahren die Gartenwirtschaft „Hensolts-Höhe“, die der Augsburger Unternehmer Ernest Mehl im Jahre 1903 erwarb. Er baute sie zu einem christlichen Erholungsheim um und ließ 1911 unter dem Motto „Heilig dem Herrn“ den Bethelsaal errichten, der 800 Besuchern Platz bot. Bis in die 30er Jahre des 20. Jahrhunderts wurden auf der Hensoltshöhe Angebote für Kinder geschaffen und schulische Einrichtungen für den Unterricht angeboten. Nach einer eher unrühmlichen Ära unter den Nationalsozialisten startete man 1945 neu durch. Dazu heißt es in der Chronik: „1945 Eingeständnis des ‚Irrweges‘ im ‚Dritten Reich‘ und Neuordnung des Verhältnisses zur Evang.-Lutherischen Kirche.“ Das Erholungsheim wurde zu einem Kurheim ausgebaut, das Bibel- und Tagungsheim „Bethanien“ wurde eingeweiht, Jungschar- und Frauentage abgehalten und ein neues Sanatorium errichtet. 1999 wurde der Bethelsaal, in dem auch Gottesdienste stattfinden, renoviert und wesentlich vergrößert, u.a. durch den Anbau von Seminar- und Tagungsräumen.

Zur künstlerischen Gestaltung Rektor Findeisen: „Das Kreuz in seiner beherrschenden Stellung (...) unterstützt mit seiner gleichschenkeligen Form gleichsam als vor- und übergeordnete Koordinate die Idee von Ordnung und Einbindung.“

KATH. PFARREI
Pfarramt Gunzenhausen,
Nürnberger Str. 29
Tel. 2405;
gunzenhausen@
bistum-eichstaett.de
Pfarrkirche Mariä
Empfängnis
Nürnberger Straße
tagsüber geöffnet
Filialkirche Muhr am See
(St. Walburga)
Info Kath. Dekanat WUG
Pfarreienverbund GUN

Kath. Pfarrkirche Mariä Empfängnis

Im Jahre 1960 wurde die Kath. Pfarrkirche St. Maria eingeweiht. Vergleichbar der katholischen Kirche in Treuchtlingen hat der Eichstätter Architekt Josef Elfinger sie aus dem Kalkgestein des Altmühljuras erbaut. Sie löste eine neugotische Vorgängerkirche ab, nachdem diese für die nach dem Zweiten Weltkrieg stark angewachsene Kirchengeinde zu klein geworden war. Der moderne Bau mit seinem markanten, freistehenden Glockenturm besitzt sehenswerte Fenster aus der Waldsassener Glashütte. Der Hochaltar wurde von Blasius Gerg aus einem Muschelkalksteinblock herausgearbeitet. Der apsidenförmige Chorraum, in dem er steht, wird vom Tageslicht durchflutet, das als Oberlicht von der Decke einströmt. Ihm gegenüber befindet sich im Westen die Orgel, ebenfalls von einem „Lichtraum“ umgeben. Zu der lebendigen Raumstruktur der Kirche heißt es in der Denkmalliste: „Unter der Westempore ist zwischen den Eingängen eine Kriegergedächtniskapelle eingefügt. In der nördlichen Stirnwand des Kirchenschiffs sitzt der Tabernakel, direkt dahinter erstreckt sich halbrund die Sakramentskapelle. Ihr gegenüber liegt rechts neben dem Chor die Taufkapelle.“ Einige wenige Bildwerke stammen noch aus dem 16. Jahrhundert. Sie hatten bereits in der neugotischen Kirche von 1875 ihren Platz gefunden.

Rechte Seite: Die katholische Kirche wurde aus Kalksteinen des Altmühjuras erbaut (b);
oben: Detail der Fassade (s)

Kapelle im Kreiskrankenhaus

Der von den Architekten Schweitzer/Laage, Stuttgart, geplante Neubau des Kreiskrankenhauses wurde 1976 in Betrieb genommen. Die ökumenische Krankenhauskapelle ist aus konstruktiven Gründen ein quergelagerter-Raum, der an seiner Stirnseite befenstert ist. Der Künstler Reinhart Fuchs aus Untersteinbach bei Georgensgmünd-hat den Kapellenraum gestaltet. Wesentliche Elemente sind der Altar aus Juramarmor, die drei Farbfenster, die die christlichen Tugenden Glaube, Hoffnung, Liebe in ausdrucksstarken Symbolen darstellen, sowie ein gewebter Wandteppich ‚Schöpfungsmorgen' von Fridrun Fuchs.

Krankenhauskapelle Gunzenhausen (b)

Die drei Farbfenster des Künstlers Reinhart Fuchs

Den Glauben sieht der Künstler als Kreuz, das aufbricht und durchscheinend wird, durch das hindurch zwei Hände sichtbar werden, die einen Fisch, das alte Symbol für die Gläubigen, aufnehmen. Für die Hoffnung setzt er den Keimling, der die Erwartung des grünenden und blühenden Baumes in sich trägt. Und für die Liebe wählt er zwei Hände, die sich einander entgegenstrecken, die eine, die sich nach Zuwendung sehnt, und die andere, die sich schenkt. Im Bild Reinhart Fuchs (s)

HAUNDORF

Gemeinde
T 09837 PLZ 91729

EVANG.-LUTH. GEMEINDE
Pfarramt Haundorf
Georgentalweg 1, Tel. 254
Pfarramt-Haundorf-Laubenzedel@gmx.de
Kirche St. Wolfgang
Georgentalweg 8
tagsüber geöffnet
weitere Kirche:
Laubenzedel
(St. Sixtus)
Info Evang.-Luth.
Dekanat GUN

Evang.-Luth. Kirche St. Wolfgang

Im Jahr 2008 feierte die Kirchengemeinde das 550-jährige Jubiläum von St. Wolfgang. Bezogen hat man sich dabei auf den Schlussstein des Chorbogens, auf dem die Jahreszahl 1458 eingemeißelt ist. Während das Gotteshaus selbst aus dieser spätgotischen Zeit stammt, wurde der bestehende Turm erst im 16. Jahrhundert errichtet. 1706 erfolgte im Langhaus eine Umgestaltung, u.a. wurden dabei die Emporen eingebaut, und fünf Jahre später erhielt der Turm sein oktogonales Obergeschoß mit dem markanten Spitzhelm. Nach dem Zweiten Weltkrieg wurden im Chor spätgotische Fresken freigelegt, im Gewölbe die vier Kirchenväter und die vier Evangelistensymbole. An der Chornordwand ist auf 24 Bildern in vier Registern die Wolfgangslegende dargestellt. Der Altar ist eine Gemeinschaftsarbeit namhafter Künstler: Der markgräfliche Hofbildhauer Guiseppe Volpini schuf im Jahre 1706 die plastischen Arbeiten, die Engelsköpfe und im Altarauszug die Figur Gottvaters, der eine Weltkugel in der Hand hält. Sebastian Ludwig Hopfer führte die Fassung des zweisäuligen Altaraufbaus in Farbe und Gold durch. Der Ellinger Stuckateur Mathias Auernheimer schmückte die Decke

Haundorfer Kirche (b)

und die Unterseiten der Nord- und Westempore mit weißem Stuck. Im Zentrum der Decke befindet sich das Wappen der Markgrafen von Brandenburg-

Oben: Blick auf den Chorraum der Haundorfer Kirche; darunter: Figur Gottvaters mit der Weltkugel im Altarauszug (s). Rechte Seite: Hechlingens Kirche St. Lucia (s)

Ansbach in einem Rahmen aus Akanthus und Muscheln, ähnlich dem der Spitalkirche in Gunzenhausen.

HECHLINGEN AM SEE

Ortsteil der Marktgemeinde Heidenheim
T 09833 PLZ 91719

EVANG.-LUTH. GEMEINDE
Pfarramt Hechlingen, Kirchenstraße 4, Tel. 743; Kirche St. Lucia und Ottilie; weitere Kirche: Hüssingen (St. Leonhard und Nikolaus) Katharinenkapelle; Infos Evang.-Luth. Dekanat HDH

Evang.-Luth. Kirche St. Lucia und Ottilie

Unter Bischof Gundekar II. von Eichstätt wurde bereits zwischen

1057 und 1075, wahrscheinlich 1061, eine erste Kirche geweiht. Ihr folgte im 15. Jahrhundert ein zweiter Bau, von dem heute noch der Chorturm vorhanden ist (bez. 1491). Das heutige

Oben: Hechlingens Kirche St. Lucia und Ottilie mit der „Kappl" im Hintergrund; unten: Im Inneren der Hechlinger Kirche herrscht nach einer Renovierung wieder der neugotische Stil der Bauzeit. (b)

Gotteshaus geht auf die Jahre von 1868 bis 1872 zurück, als nach dem Entwurf von Wilhelm Langenfaß aus Weißenburg das Langhaus im Stil der Neugotik entstand. 1959 erfolgte eine Stilbereinigung, bei der man die zeitgenössische Ausstattung und Ausmalung entfernte. Bei einer weiteren Renovierung in den Jahren von 1985 bis 1989 wurde der neugotische Zustand des Innenraumes wiederhergestellt. Ein Großteil der Ausstattung wurde dafür rekonstruiert. Die drei Türme bestimmen das äußere Erscheinungsbild der Hechlinger Kirche: der weithin sichtbare fünfgeschossige Chorturm mit seinem Spitzhelm über vier Giebeln sowie die zwei Treppentürme nördlich und südlich der Langhaus-Westseite. Den Chorraum überdacht ein spätgotisches Kreuzrippengewölbe, das auf Pflockkonsolen ansetzt, das Langhaus eine flache Kassettendecke. Im Westteil der Kirche wurden auf drei Seiten Emporen eingebaut, mit zusätzlicher Orgelempore. Altar und Kanzel schuf Anselm Sickinger, sie stammen aus der 1970 abgetragenen Friedhofskirche in Kaufbeuren, die 1860 erbaut worden war. 1982/84 wurden sie in Hechlingen eingebaut. Mit Ausnahme des Altarkruzifixes und der Kanzeltaube musste man die Figuren nach alten Vorlagen neu schnitzen. Das Relief mit dem Weltenrichter wurde 1990 gefertigt. Ein Kruzifixus und die Figur des auferstandenen Christus stammen noch aus der Zeit des Barocks (um 1700).

Die „Kappl“ bei Hechlingen (b)

Katharinenkapelle

Seit 1760 ist die Kapelle St. Katharina oberhalb von Hechlingen eine Ruine. Seit dem frühen 15. Jahrhundert (1457 erstmals urkundlich erwähnt) erhob sie sich weithin sichtbar auf einer Anhöhe über dem Rohrachtal und war bis ins 18. Jahrhundert das Ziel zahlreicher Wallfahrten. Teile des östlichen Chors und der Langhaussüdwand sind erhalten geblieben. Ab dem 18. Jahrhundert dienten die Steine der Ruine den Hechlingern als Baumaterial. In den 80er Jahren des 20. Jahrhunderts erfolgte eine Renovierung. Heute wird alljährlich an der Ruine das Kapplfest durchgeführt, mit Gottesdienst und Festzeltbetrieb.

HEIDENHEIM
Marktgemeinde
T 09833 PLZ 91719

EVANG.-LUTH. DEKANAT HEIDENHEIM
Ringstraße 1, Heidenheim
Tel. 275, Fax 988000
dekanathdh@freenet.de
www.dekanathdh@freenet.de

EVANG.-LUTH. GEMEINDE
Pfarramt Heidenheim
Ringstraße 1, Tel. 275
Münster St. Wunibald
Ringstraße, tagsüber geöffnet
Info Evang.-Luth. Dek. HDH

Oben: Blick vom Innenhof des ehem. Klosters auf die Türme des Heidenheimer Münsters (k)

Evang.-Luth. Münster St. Wunibald

Unter den kirchlichen Bauwerken des Hahnenkamms steht die ehemalige Klosterkirche in Heidenheim an erster Stelle.
Das Kloster gründete 752 der aus angelsächsischer adeliger Familie stammende, feingebildete und weit gereiste Mönch Wunibald.
Dabei wurde er von seinem Bruder Willibald, der in Eichstätt zunächst Klosterbischof war und wohl erst Jahre später Diözesanbischof wurde, unterstützt. Wunibald war Abt bis zu seinem Tod im Jahr 761. Danach übernahm seine Schwester Walburga die Leitung des Mönchsklosters und errichtete dazu einen Non-

Blick von der Tumba des hl. Wunibald (im Vordergrund) zur Walburga-Grabkapelle (Bildmitte) und zur Vorhalle im Westen (k)

nenkonvent, der ihren Tod aber nur kurz überdauerte. Walburga starb 779 und wurde in ihrer Klosterkirche beigesetzt. Hundert Jahre später überführte der Bischof ihre Gebeine nach Eichstätt. Wunibald und Walburga werden bis zum heutigen Tag auch in Heidenheim als Heilige verehrt. Im Jahr 787 starb Bischof Willibald, der letzte Erbe des angelsächsischen Familienklosters. Sein Nachfolger wandelte das Kloster in ein Kanonikerstift um. Im Zuge der

Die Lutheraner und die Heiligen

Walburgagrabkapelle mit Wandgemälde und Wappen (b)

Bei der jüngsten Restaurierung der Walburga-Grabkapelle aus der ersten Hälfte des 13. Jahrhunderts wurden mehrere Veränderungen und zu verschiedenen Zeiten aufgetragene Putzschichten festgestellt.
An der südlichen Außenwand der Grabkapelle ist zwischen der Ecklisene und der Kante der großen Bogenöffnung eine Frauengestalt im grauen Ordensgewand zu erkennen, die ein flaschenartiges gelbes Gefäß in der Hand hält und zu deren Füßen das angelsächsische Dreilöwenwappen wiedergegeben ist. Bei dieser Gestalt handelt es sich offensichtlich um die hl. Walburga mit dem Ölfläschchen als einem ihrer Attribute. Stilistisch gehört die Wandmalerei der Epoche der Renaissance an.
Die Restauratoren entdeckten, dass auf der Außenseite der Westwand in roter Farbe die Jahreszahl 1591 eingegraben ist. Sie stellten weiter fest, dass die Walburgagestalt auf der Südseite und die Jahreszahl 1591 ein und derselben Putzschicht angehören. Daraus folgt, dass die Walburgadarstellung mit dem Dreilöwenwappen im Jahr 1591 entstanden sein muss.
Weiter ist daraus zu schließen:
Da nach der Einführung der Reformation 1528 das Klosterleben 1537 erloschen war, und die ehemalige Klosterkirche seit 1551 als evangelische Kirche dient, kann die Darstellung der hl. Walburga nur in evangelischer Zeit entstanden sein.
Wahrscheinlich wollte die Kirchengemeinde damit ihrer Ortsheiligen Reverenz erweisen, oder sie wollte ganz einfach ihren jungen Glauben auf dem Boden ihres „Grundgesetzes", der Confessio Augustana, praktizieren, wo im Art. 21 geschrieben steht: „Vom Heiligendienst wird von den Unseren so gelehrt, dass man der Heiligen gedenken soll, damit wir unseren Glauben stärken, wenn wir sehen, wie ihnen Gnade widerfahren und auch wie ihnen durch den Glauben geholfen worden ist; außerdem soll man sich an ihren guten Werken ein Beispiel nehmen, ein jeder in seinem Beruf. Aus der hl. Schrift kann man aber nicht beweisen, dass man die Heiligen anrufen oder Hilfe bei ihnen suchen soll."

Fünfbotenaltar mit Kruzifixus (k)

benediktinischen Klosterreform („Hirsauer Reform“) wurde ab 1150 die Wiederherstellung des Benediktinerklosters betrieben und dabei Adelbert als Reformabt eingeführt, der sich jedoch erst 1155 nach Intervention durch König und Papst durchsetzen konnte.

Die bestehende ehemalige Klosterkirche wurde ab den sechziger Jahren des 12. Jahrhunderts errichtet; Altar- und Kirchenweihen sind zwischen 1183 und 1188 überliefert. Das Langhaus, eine romanische Pfeilerbasilika mit Vorhalle und Querschiff, entspricht in seiner klaren, harmonischen Architektur den Gepflogenheiten Hirsauer Reformbauweise. Ebenso hirsauisch geprägt war die ursprüngliche, mehrfach gegliederte Choranlage. Die beiden Seitenschiffe setzten sich jenseits des Querhauses als Nebenchöre fort, die den Hauptchor flankierten. Diese drei Chorteile, die durch Bogenöffnungen miteinander verbunden waren, schlossen jeweils in einer Apsis. Zusammen mit den am Querhaus unmittelbar anschließenden Apsiden präsentierte sich die romanische Ostpartie als fünfteiliger Staffelchor. Die Fundamente wurden ergraben und dokumentiert. Diese Chorlösung ist in Bayern nur noch in den von Hirsau beeinflussten Klosterkirchen St. Michael in Bamberg und St. Georg in Regensburg-Prüfening nachweisbar. Der romanische Chor musste in der Gotik einem hohen, kreuzrippengewölbten, einräumigen Chor weichen, der ab der Mitte des 14. Jahrhunderts aufgeführt wurde. Aus dem Kontrast zwischen dem gedämpft erhellten Langhaus und dem lichtdurchfluteten Chor gewinnt der Gesamtraum der Klosterkirche seinen besonderen Reiz.

Einzigartig ist die Walburga-Grabkapelle, die gegen Mitte des 13. Jahrhunderts an der Nordseite des Mittelschiffs zwischen zwei Pfeiler der nördlichen Arkadenreihe hinein gebaut wurde und wohl die ursprüngliche Grabstelle der Heiligen markiert. Besonders schön sind die Säulchen mit Kapitellen der ausgehenden Romanik an der Ost- und Nordseite der Kapelle. Im Inneren steht die Walburgatumba von 1484, deren Deckplatte die Heilige im Gewand der Äbtissin zeigt. Der Kapellenbau zeugt von einem Kult der Heiligen in Heidenheim.

In der Vierung der Kirche steht die Wunibaldstumba, deren Deck-platte von 1483 den Heiligen als Gründungsabt zeigt. Beide Tumben wurden wohl als Erinnerungsmale im Rahmen einer Neuausstattung der Kirche im späten 15. Jahrhundert an ihrem gegenwärtigen Platz aufgestellt. Dabei enthielt die Wunibaldstumba zunächst noch die Gebeine des Heiligen, während die Walburgistumba von Anfang an nur der Ergänzung der Gedenkstätte der Walburgakapelle diente. Bedeutende Grabmäler des 14. und 15. Jahrhunderts von Äbten, Vögten und Förderern des Klosters sind in den Fußboden und in die Wand des nördlichen Seitenschiffs eingelassen, darunter die Doppelgrabplatten des Grafen Ulrich von Truhendingen und seiner Frau Imagina (nach 1310) und des Wirich von Treuchtlingen und seiner Frau Agnes (um 1349).

Infolge der Einführung der Reformation durch die Markgrafen von Brandenburg-Ansbach wurde das Kloster 1537 aufgelöst. Seitdem dient die Kirche der evangelisch-lutherischen Gemeinde. Anlässlich der Restaurierung in den 60er und 70er Jahren des 20. Jahrhunderts wuchs eine Rückbesinnung auf die gemeinsamen Wurzeln beider christlicher Konfessionen in der Zeit der Klostergründung durch angelsächsische Missionare.

Graf Ulrich von Truhendingen (gestorben 1310) und seine Gemahlin Imagina, eine Nichte des deutschen Königs Adolf von Nassau (s)

Oben: Klostergebäude am Eingang zur Basilika. Davor eine Walburga-Plastik des Künstlers Ernst Steinacker (s); unten: Flügel im Kreuzgang des ehem. Klosters (k) Rechte Seite oben: In den Räumen des ehem. Klosters veranstaltet das Klosterforum Heidenheim ganzjährig Ausstellungen. Lesungen und Konzerte (s); darunter das sog. Heidenbrünnlein (s)

Die Societas Sancti Wunibaldi und die evangelische Kirchengemeinde setzten Zeichen der Ökumene und halten seitdem in einem Gottesdienst am Walburgistag (1. Mai) das Gedenken an die Heiligen lebendig. Am Wunibaldstag (18. Dezember) des Jahres 1981 wurde der von Bildhauer Helmut Ammann, München, geschaffene Fünfbotenaltar im Chor der Kirche eingeweiht.

An die Nordseite der Kirche lehnt sich der stimmungsvolle spätgotische Kreuzgang an, dessen Flügel mit unterschiedlichen Gewölbefigurationen im Rahmen der Klosterrestaurierung wiederhergestellt wurden. Im Südflügel ist ein Grundstein mit der Jahreszahl 1485 eingelassen, im Nordflügel einer mit der Jahreszahl 1487. Abgearbeitete Wandkonsolen deuten darauf hin, dass die Gewölbe Vorgänger hatten.

Eng gruppieren sich die ehemaligen Klostergebäude um das Kreuzganggeviert. Ihr heutiges Aussehen erhielten sie in den zwanziger Jahren des 18. Jahrhunderts. Im Ostflügel, im Bereich des ehemaligen Kapitelsaals, ist eine Sammlung aufgefundener Bauteile mit einem Lageplan der ehemaligen Klosteranlage ausgestellt. Durch dieses Lapidarium gelangt man auf die Ostseite des Klosters zum „Heidenbrunnen". Nach der Ortstradition war hier die Taufstelle der angelsächsischen Missionare. Die starke Quelle war sicherlich für die Wahl des Ortes der Klostergründung mit ausschlaggebend. Im 15. Jahrhundert wurde die Quellfassung mit einer rippengewölbten offenen Halle überbaut.

KATH. KURATIE
Pfarramt Gnotzheim, Spielberger Str. 22, Tel. 95907
gnotzheim@bistum-eichstaett.de
Kirche St. Walburga
tagsüber geöffnet
Info Kath. Dekanat WUG
Pfarreienverbund GUN

Kath. Kirche St. Walburga

In Heidenheim steht nicht nur der älteste Kirchenbau des Hahnenkamms, sondern auch der jüngste – die katholische Pfarrkirche St. Walburga, die 1976/77

nach Plänen des Münchner Architekten Alexander Freiherr von Branca errichtet wurde. Sie ist ein Zentralbau, der mit seinen hochgezogenen Mauern von außen wie eine Burg wirkt. Der Innenraum erhält seine Qualität durch sparsame Ausstattung mit erlesenen, zum Teil noch mittelalterlichen Skulpturen. In Anlehnung an St. Walburg in

Von dem Münchner Architekten Alexander Freiherr von Branca wurde die katholische Kirche St. Walburga in Heidenheim erbaut. (k)

Eichstätt liegt unter der Altarstelle der Kirche eine von außen zugängliche Krypta, in der eine Reliquie der heiligen Walburga verwahrt ist.

HÖRLBACH
Ortsteil der Stadt Ellingen
T 09141 PLZ 91792

EVANG.-LUTH. GEMEINDE
Pfarramt Ellingen, Hausner Gasse 23, Tel. 2709
Kirche St. Oswald, Schlüssel auf Anfrage im Pfarramt Ellingen; Info Evang.-Luth. Dekanat WUG

Evang.-Luth. Kirche St. Oswald

„Die Kirche liegt auf freiem Feld hangabwärts etwas außerhalb des Ortes in Richtung Süden. Schön in die Landschaft eingefügt, bietet sich zusammen mit Friedhof und Lindenbäumen eine stimmungsvolle Gruppierung.“ (Denkmalliste). Im 14. Jahrhundert wurde die Kirche im gotischen Stil neu erbaut. Davon zeugt noch das untere Geschoss des Chorturmes, der dann im 18. Jahrhundert sein oktogonales Obergeschoss erhielt, und an den 1835 die Sakristei angebaut wurde. Das Langhaus war bereits 1711 im Stil des Barocks umgebaut worden (Altar mit Abendmahlsszene und Kanzel stammen aus dieser Zeit) und erfuhr dann 1913 nochmals eine Umgestaltung bzw. eine Erweiterung nach Norden hin. Dabei stieß man im Gewölbe des Chorturm auf Wandmalereien, die 1921 konserviert werden konnten. Das christologische Programm der Fresken enthält neben Christusszenen auch die vier Evangelistensymbole so-

Die Hörlbacher Kirche erhebt sich über einem Tal im Süden des Ortes. (k)

St. Oswald-Kirche in Hörlbach (k)

wie Sonne, Mond und Sterne. Am Fenster der Südwand ist die Verkündigung dargestellt. „Von einer Gnadenstuhldarstellung über dem Fenster aus geleitet der Heilige Geist auf einer schwarzen Bahn das Christuskind zu Maria hinab. An der Nordwand sind Szenen aus der Passion dargestellt: im Bogenscheitel die Ölbergsszene, im mittleren Register der Judaskuß, Christus vor Pilatus und die Geißelung, in der unteren Zone Kreuztragung, Kreuzigung, Kreuzabnahme und Grablegung. Von den Malereien an der Ostwand ist links neben der Tür zur Sakristei Christus als Auferstandener zu erkennen, darüber thront er im Bogenscheitel als Weltenrichter. Nicht mehr eindeutig bestimmbar ist die Figur am rechten unteren Rand, es dürfte sich um eine weibliche Heilige handeln. Insgesamt bleiben die Darstellungen bei den einzelnen Szenen weitgehend auf die jeweiligen Personen der Handlung beschränkt. Diese sind rotkonturiert vor einen grünlich-gelben Hintergrund gesetzt. Die einzelnen Szenen an der Nordwand werden mit einem ursprünglich blauen Streifen unterteilt.“ (Denkmalliste)

HÖTTINGEN

Gemeinde, T 09141 PLZ 91798

EVANG.-LUTH. GEMEINDE
Pfarramt Weiboldshausen
Burgstr. 20,
Weiboldhausen, Tel. 4350;
Kirche St. Johannes Baptista,
Pfarrgasse; Info Evang.-Luth.
Dekanat WUG

**Evang.-Luth. Kirche
St. Johannes Baptista**

Die Höttinger Kirche (links oben und unten) mit einem sehenswerten Kruzifixus (k)

Die einst mittelalterliche Chorturmanlage erhielt im 17. Jahrhundert ein neues Langhaus. Im Jahrhundert darauf stockte man den Turm um ein polygonales Obergeschoss mit Kuppelhelm und Spitze auf. Im Inneren

verlaufen um den Kirchenraum Emporen an der Nord- und Westseite. Im kreuzrippengewölbten Chorraum steht der Altar mit dem 1814 an die Kirche gestifteten, viersäulige Aufbau aus der Zeit um 1700. Das Altargemälde mit Christus, der den vier Evangelisten erscheint, stammt vermutlich aus dem Jahr 1860. Die Kanzel im klassizistischen Stil stammt von 1817.

HOHENTRÜDINGEN
Ortsteil der Marktgemeinde Heidenheim
T 09833 PLZ 91719

EVANG.-LUTH. GEMEINDE
Pfarramt, Hauptstraße 14
91747 Westheim
Tel. 09082/2483
Kirche St. Johannes d. Täufer, Schloßweg
weitere Kirchen:
Info Evang.-Luth. Dekanat HDH

Evang.-Luth. Kirche St. Johannes d. Täufer

Der Bau der heutigen Kirche in Hohentrüdingen erfolgte als Anbau an den seit dem frühen 18. Jahrhundert als Glockenturm genutzten ehemaligen Bergfried. Zuvor hatte die Ortsgemeinde eine Kapelle, die zur Burg gehört hatte und die in den Jahren von 1716 bis 1720 erweitert wurde. Doch nachdem 1812 das Schloss auf Abbruch verkauft worden war, entschloss man sich zu einem Neubau, der 1819 eingeweiht werden konnte. 1966 erfolgte eine Verlegung des Altars an die nördliche Längsseite, so dass der Raum die neue Gestalt einer Quersaalkirche annahm. Nur noch die Orgel aus dem Jahr 1720 und die Kanzel sind von der Ausstattung der Vorgängerkirche des 19. Jahrhunderts erhalten geblieben. Zu dem neuen Raumgefüge heißt es in der amtlichen Denkmalliste: „Diese Kanzel zeigt eine ungewöhnliche Form: Auf zwei ionischen Säulen, die gleichzeitig die dahinter liegende Sakristeitür rahmen, ist der von einem vorkragenden, kranzgesimsartigen Fries unterteilte, rechteckige Kanzelkorpus aufgesetzt. Seit dem Umbau der 1960er Jahre wird jedoch eine hinter dem einfachen Tischaltar gemauerte,

Linke Seite und oben: Hohentrüdingen und seine Kirche St. Johannes (s, b); unten: Hohenweiler (s)

amboartige Kanzel genutzt. Der mittlere Raumbereich, in dem Altar und Kanzel vor der Nordwand aufgestellt sind, hat ein tieferes Fußbodenniveau und ist durch Trennwände vom restlichen Innenraum abgegrenzt. Das Gestühl im Altarbereich folgt der Querrichtung des Raumes, das Gestühl in den beiden seitlichen Restbereichen richtet sich senkrecht zum Mittelbereich aus."

HOHENWEILER

Ortsteil der Marktgemeinde Pleinfeld; T 09144 PLZ 91785

KATH. DORFKAPELLE
Pfarramt Pleinfeld
Pfarrgasse 2, Tel. 321
pleinfeld@bistum-eichstaett.de
Dorfkapelle (Herz Jesu)
Hohenweiler 19, Schlüssel bei Familie Schneider;
Info Kath. Dekanat WUG, Pfarreienverbund WUG

Kath. Dorfkapelle Herz Jesu

Die kleine Dorfkapelle aus dem ausgehenden 19. Jahrhundert

besitzt einen Dachreiter anstelle eines Glockenturmes. Den kleinen Innenraum dominiert der Altar mit seinem zweisäuligen Aufbau, der von einem Sprenggiebel abgeschlossen wird.

HOLZINGEN
Ortsteil der Stadt Weißenburg
T 09141 PLZ 91718

EVANG.-LUTH. GEMEINDE
Pfarramt Emetzheim
Hainstr. 1, Emetzheim. Tel. 2976
Kirche St. Margareta, Holzinger Hauptstraße; Schlüssel auf Anfrage im Pfarramt
Info Evang.-Luth. Dekanat WUG

Evang.-Luth. Kirche St. Margareta

Aus der Zeit, als die Holzinger Kirche gebaut wurde (1363 erstmals urkundlich erwähnt, 1407 geweiht), ist noch ein Teil der Kirchhofmauer an der Nordseite erhalten. Der dazugehörige Friedhof wurde längst aufgelassen. Der Chorturm stammt wohl noch aus romanischer Zeit, während das Langhaus erst im 15. oder 16. Jahrhundert errichtet wurde. Im 17. Jahrhundert schließlich erhielt der Turm sein Obergeschoss. Im Inneren

Links und oben: St. Margareta (k)

herrscht eher Schlichtheit. Auf den ersten Blick vermisst man einen den Chorraum ausfüllenden Altaraufbau. Der bestehende Altarblock unter dem spitzbogigen Chorbogen gibt den Blick in den lichtdurchfluteten Chorraum frei. Bemerkenswert ist die in der Nordwand des Langhauses eingebaute Sakramentsnische, bekrönt von einem Aufbau, der mit reich geschmückten Fialen ausgestattet ist.
Zwischen ihnen „befindet sich ein krabbenbesetzter Wimperg in Eselsrückenform. Das darin eingeschriebene Bildfeld zeigt

den Christuskopf im Strahlennimbus, über dem sich zwei Engel beugen. Vergleichbare Sakramentsnischen in der Region befinden sich in Gundelsheim a. d. Altmühl, Hörlbach und Trommetsheim. In der quadratischen Nische steht heute eine Totenkrone." (Denkmalliste)
Der Einbau der Emporen an der Nord- und Westseite verleiht dem Innenraum einen fast wohnlichen Charakter. Die Kanzel aus der Zeit um 1700 wird von einem 1594 gefertigten, sehenswerten Schalldeckel überdacht, „der wohl aus der Weißenburger Karmeliterkirche hierher kam" (Denkmalliste).
Der Taufstein stammt aus dem Jahr 1689, die Orgel wurde 1981 erneuert.

HÜSSINGEN
Ortsteil der Gemeinde Westheim
T 09082 PLZ 91747

EVANG.-LUTH. GEMEINDE
Pfarramt Hechlingen
Kirchenstraße 4, Hechlingen
Tel. 09833/743
Kirche St. Leonhard und Nikolaus
Info Ev..-Luth. Dekanat HDH

Evang.-Luth. Kirche St. Leonhard und Nikolaus

Eine erste Weihe der Hüssinger Kirche ist zwischen 1182 und 1189 unter Bischof Otto von Eichstätt bezeugt. Aus dieser Zeit stammt auch der Turm der heutigen Kirche, die von einer mittelalterlichen Friedhofsmauer umgeben ist. 1683 wurde der Turm erneuert, und 1725 wurde auch das Langhaus umgestaltet und erweitert. Sehenswert ist am Altar eine um 1500 entstandene lebensgroße Figur des Gekreuzigten. Die barocke Kanzel an der Südwand des Langhauses besitzt schöne Bildfelder mit Darstellungen von Moses, Aaron, Christus und Petrus. Im

Die Hüssinger Kirche St. Nikolaus (s)

Links oben: Altarkreuz in Hüssingen; darunter die Figur des hl. Nikolaus, des Namenpatrons der Hüssinger Filialkirche. (s)

Westen und Norden umläuft eine Empore den Innenraum. Zu ihr gelangt man von außen über einen nachträglich angefügten, zweiteiligen Treppenaufgang.

KALBENSTEINBERG
Ortsteil der Marktgemeinde Absberg, T 09837 PLZ 91720

EVANG.-LUTH. GEMEINDE
Pfarramt Kalbensteinberg-Fünfbronn, Haus Nr. 70, Tel. 233
ev.pfarramt-kalbensteinberg@t-online.de
Kirche St. Marien und Christophorus
weitere Kirche:
Fünfbronn (St. Michael)
Info Evang.-Luth. Dekanat GUN

Evang.-Luth. Kirche St. Marien u. Christophorus

„Im eng umbauten Umfeld steht die Kirche innerhalb der alten Friedhofsmauer. Seine charakteristische Außengestaltung erhält der aus regelmäßigen Sandsteinquadern errichtete Bau durch den Westturm und besonders durch das hochgezogene Dach

über dem einjochigen, fünfseitig geschlossenen Chorraum. In der südlichen Kante zwischen Langhaus und Chor sitzt der Sakristeianbau mit dem Herrschaftsstand im Obergeschoß. Dieser ist über einen kleinen,

Die Rieter-Kirche in Kalbensteinberg (b)

östlich daran angefügten, polygonalen Treppenturm von außen her zugänglich." (Denkmalliste)

Kirchliche Kunstwerke als Zeichen der Frömmigkeit, der Selbstdarstellung oder der Sammelleidenschaft?

Die Rieterkirche gehört zu den bedeutendsten Kunstdenkmälern des Landkreises. Was ihre Architektur und Ausstattung angeht, ist sie stark durch ihre Bauherren, die Patrizierfamilie der Rieter, und durch die freie Reichsstadt Nürnberg geprägt. Weihedaten sind von 1469 und 1488 überliefert, eine umfassende Restaurierung und teilweise Ergänzung erfolgte 1609–1613.

Die ungemein reiche Ausstattung erweckt bei manchem Kirchenbesucher den Eindruck, in ein Museum zu kommen. Wir verdanken sie großenteils Hans Rieter, der einige Stücke, die im Zuge der Reformation entfernt und auf dem Dachboden deponiert worden waren, wieder in den Kirchenraum zurückholte oder ältere Teile in einen neuen Altaraufbau einfügte. Er erwarb aber auch spätgotische Bildwerke neu hinzu, wie etwa den auf einem Palmesel reitenden Christus, den er von seinem Bruder Joachim aus Eichstätt geschenkt bekommen hatte. Solche auf Rollen montierte Palmesel waren in der katholischen Zeit bei der Passions- und Osterliturgie in Prozessionen mitgeführt worden.

Bis heute ist nicht geklärt, was die Triebfeder für die Anhäufung solch hochrangiger Kunstwerke war. War es ein heimlicher Hang zum Katholizismus, dem Glauben seiner Vorfahren, war es Ausdruck der Selbstdarstellung einer bedeutenden Handels- und Patrizierfamilie, oder frönte Hans Rieter ganz einfach einer Sammelleidenschaft? (b)

„Um den Bau verläuft unterhalb der Fenster ein Kaffgesims, das am Langhaus bei den Portalen senkrecht nach oben gezogen wird. Über dem eselbogig gerahmten Eingang an der Südseite ist das Rieterwappen mit einer Inschrifttafel eingelassen. Die unteren Geschosse des etwas aus der Achse nach Süden gerückten Turmes stammen etwa aus der Zeit um 1400; 1507–11 setzte man das polygonale Obergeschoß auf. Der Raumeindruck des Kircheninneren wird durch die Kombination aus Langhaus mit einer hölzernen Flachdecke und eingezogenem, hohen Chorraum mit einem gotischen Netz- und Sternengewölbe geprägt. Die Flachdecke schneidet dabei in den Chorbogen ein, in

Zahlreiche Kunstwerke aus dem 15. bis 17. Jahrhundert zieren das Langhaus und den Chorraum der Kalbensteinberger Kirche. Noch aus gotischer Zeit stammt das schlanke, filigran gestaltete Sakramentshäuschen an der Nordwand des Chores. Das Chorgestühl zeigt die für die Spätgotik typischen Verzierungen, grotesk wirkende Schnitzfiguren an den Wangen des Chorgestühls, fratzenhafte Gesichter voller Schalk und Häme, launige Arbeiten der Verspieltheit in der Kunst der Gotik. (b)

eher ungewöhnlicher Weise füllt eine Art Emporenbrüstung mit Fensterband darüber den Bogenscheitel zum Chor hin aus. In den Feldern des Chorgewölbes

Madonna im Strahlenkranz (b)

finden sich aufgemalte Wappen. (...) Zwischen den Chorfenstern wurden Anfang des 17. Jahrhunderts die Darstellungen von 13 Mitgliedern der Familie Rieter, die im Dienst geistlicher Herren, in einem geistlichen Amt oder Klosterinsassen waren, zusammen mit einer Inschrift durch den Nürnberger Maler Nikolaus Öhler aufgemalt. Die Brüstungen der Westempore und der beiden Herrschaftsemporen an der südlichen Chorwand und südöstlichen Langhauswand stammen aus der Zeit von 1609–13, die Felder sind durch nachgotische Maßwerkschnitzereien gefüllt." (Denkmalliste)

KALTENBUCH
Ortsteil der Gemeinde
Bergen
T 09148 PLZ 91790

EVANG.-LUTH. GEMEINDE
Pfarramt Bergen-Thalmannsfeld, Dannhausener Str. 10,
Bergen, Tel. 251
Kirche St. Nikolaus, Schlüssel auf Anfrage im Pfarramt
Info Evang.-Luth.
Dekanat WUG

Evang.-Luth. Kirche St. Nikolaus

Die heutige Chorturmkirche wurde 1716 errichtet, auf Veranlassung von Albrecht Ernst Schenk von Geyern und seiner Gemahlin Dorothea Eleonora, geb. Hofer von Lobenstein, worauf ein Wappen über dem Chorbogen Hinweise gibt. Bereits 1480 ist in einer Urkunde von einem Vorgängerbau die Rede. Die Decke des Langhauses ist mit Blatt- und Früchtestuck verziert. Emporen umlaufen den Innenraum auf der West- und Nordseite, zu der man von außen über einen direkten Treppenzugang gelangt. „Der Taufstein stammt aus der Erbauungszeit 1716. Bemerkenswert ist die Taufschüssel mit der Darstellung eines Greifen im Distelkranz, eine

Nürnberger Beckenschlägerarbeit aus dem späten 15. Jahrhundert." (Denkmalliste)

Die St.-Nikolaus-Kirche in Kaltenbuch wurde 1716 durch die Schenken von Geyern erbaut. (k)

KATTENHOCHSTATT

Ortsteil der Stadt Weißenburg
T 09141 PLZ 91781

EVANG.-LUTH. GEMEINDE
Pfarramt Kattenhochstatt-Weimersheim; Weimersheimer Ring 25, Weimersheim, Tel. 2190; Kirche St. Magnus, Dorfstraße; Info Evang.-Luth. Dekanat WUG

Evang.-Luth. Kirche St. Magnus

Im neugotischen Stil hat man die mittelalterliche Chorturmkirche 1875 neu gestaltet, wobei das Turmuntergeschoss lediglich aufgestockt wurde. Eine Rosette ziert den Schlussstein im kreuzrippengewölbten Chorraum, in dem sich bis in die Nachkriegszeit hinein ein neugotischer Altar befand. Ersetzt wurde er bei einer Bereinigung durch einen einfachen Tischaltar, wie auch die neugotische Raumausmalung übertüncht wurde. 1993 drehte man das Rad noch einmal zurück. Die Raumfassung wurde wieder rekonstruiert. Kanzel, Empore, Gestühl und Orgel wurden restauriert. „In der nördlich an den Turm an

Linke Seite und oben: die St.-Magnus-Kirche in Kattenhochstatt (k)

geschlossenen Sakristei hängt das Renaissance-Epitaph für die 1581 verstorbene Pfarrersgattin Sophia Lenck. Auf dem Bildfeld ist die Pfarrfamilie kniend unter einem Kreuz dargestellt. Ein weiterer ortskirchengeschichtlich interessanter Grabstein an der Ostseite der Sakristei ist dem von 1847 bis zu seinem Tode 1857 in Kattenhochstatt tätigen Ortspfarrer Christian Philipp Heinrich Brandt gewidmet. Sein besonderes Verdienst war die Gründung des Pfarrwaisenhauses in Windsbach.“ (Denkmalliste)

KLEINWEINGARTEN
Ortsteil der Marktgemeinde Pleinfeld, 09144/91785

KATH. PFARREI
Pfarramt Pleinfeld,
Pfarrgasse 2, Tel. 321
pleinfeld@bistum-eichstaett.de
Kath. Dorfkapelle
(Mariä Himmelfahrt)
Info Kath. Dekanat WUG
Pfarreienverbund WUG

Mariä Himmelfahrt (k)

Kath. Kapelle Mariä Himmelfahrt

Die kleine, im ausgehenden 19. Jahrhundert aus Sandsteinquadern errichtete Dorfkapelle in Kleinweingarten besitzt einen etwas zu groß erscheinenden Dachreiter. Im Inneren birgt Mariä Himmelfahrt über dem schlichten Blockaltar eine sehenswerte Marienfigur mit fünf kleinen Rundbildern (Tondi), die Szenen aus dem Marienleben darstellen.

KURZENALTHEIM

Ortsteil der Gemeinde
Meinheim
T 09146 PLZ 91802

EVANG.-LUTH. GEMEINDE
Pfarramt Meinheim,
Hagenbuchring 2, Tel. 700
Filialkirche St. Margaretha
Info Evang.-Luth.
Dekanat HDH

Evang.-Luth. Filialkirche St. Margaretha

Bereits für den Zeitraum von 1355 bis 1359 ist eine Kirchweihe für St. Margaretha beurkundet, wobei nicht auszuschließen ist, dass es bereits eine oder mehrere Vorgängerkirchen gegeben hat. Der heutige Bau einer Chorturmkirche geht auf das Spätmittelalter zurück, womöglich gar auf das 14. Jahrhundert. Im 18. Jahrhundert kam es zu Umbauten am Langhaus. Nach dem Einschlag eines Blitzes im Jahre 1841 erhielt der Turm ein neues polygonales Turmobergeschoß mit Zeltdach. Auch die Schäden im Langhaus wurden beseitigt, wenn auch erst acht Jahre später. Zuletzt erfolgte in den Jahren von 1982 bis 1984 eine umfassende Renovierung. Der Aufbau des Altars im Stil der Neugotik stammt aus dem Jahr 1884, das Altarbild ist nur

Linke Seite: Die Kurzenaltheimer Kirche St. Margaretha geht auf das Spätmittelalter zurück. Der Altar (oben) wurde im Stil der Neugotik gefertigt. (k, s)

vier Jahre jünger. Es zeigt die Auferstehung Christi. Zur erwähnenswerten Ausstattung gehören die Sakramentsnische in der Nordwand des Chors und die Kanzel aus dem Jahre 1716 mit ihrem dekorativ gestalteten Schalldeckel. Die Emporen der Süd- und Westseite ruhen auf etwas klobig wirkenden Säulen. „Eine hinsichtlich der Darstellung des Sündenfalls altertümliche Taufschüssel (Verwendung älterer Matrizen?) entstand im späten 17. Jahrhundert als Nürnberger Beckenschlägerarbeit, eine Stifterinschrift gibt 1694 an." (Denkmalliste)

LANGENALTHEIM
Gemeinde
T 09145 PLZ 91799

EVANG.-LUTH. GEMEINDE
Pfarramt Langenaltheim
Kirchengasse 4
Tel. 6928
Willibaldskirche,
Kirchengasse 5
Johannis-Kapelle,
Untere Hauptstraße
Info Evang.-Luth.
Dekanat Pappenheim

Evang.-Luth. Kirche St. Willibald

Auf einen vollständigen Neubau der Jahre 1607/08 geht die Pfarrkirche im pappenheimischen Langenaltheim zurück, obwohl die Weihe der Vorgängerkirche bereits für die Zeit zwischen 1057 und 1075 urkundlich erwähnt wird. Die Pläne für die

St.-Willibalds-Kirche in Langenaltheim (k)

Das Langhaus der Langenaltheimer Kirche mit dekorativer Stuckdecke (k)

neue Kirche stammen von dem Graubündner Baumeister Giacomo Righetti, der zur besagten Zeit ebenfalls in Pappenheim arbeitete. Dieser frühbarocke Bau erlitt im Dreißigjährigen Krieg erhebliche Schäden, die in der zweiten Hälfte des 17. und in der ersten Hälfte des 18. Jahrhunderts behoben werden konnten (1657 neues Dach, 1695 Neustuckierung der Decken in Chor und Langhaus, 1717 Erweiterung der Westempore, 1732 Einbau der Spüdempore). „Weitere einschneidende Eingriffe in den Bestand brachte die Renovierung 1938/39 mit sich, bei der die Südvorhalle errichtet, die Orgel von der Südempore auf die Westempore verlegt und das Pappenheimer Wappen über dem Chorbogen durch ein in Stuck ausgeführtes Lamm Gottes ersetzt wurde.“ (Denkmalliste) In der Südvorhalle befindet sich heute das Wappen der Pappenheimer, das ursprünglich über dem Südportal angebracht war. Das Bildprogramm der Deckenmalereien umfasst die Himmelfahrt Christi (zentrales Ovalbild der Langhausdecke), Christus am Ölberg (Bild am Altar des Pappenheimer Hofschreiners Johann Michael Neher aus dem Jahr 1738), Christus und die vier Evangelisten (am Korpus der 1608 gefertigten Kanzel) sowie Christus und die zwölf Apostel (Brüstungsfelder der Empore). Die Orgel ist ein Werk des Nördlinger Orgelbauers Paulus Prescher aus dem Jahre 1756.

Evang.-Luth. Kirche St. Johannis, genannt Johannis-Kapelle

Der Vorgängerbau der in den Jahren von 1752 bis 1754 von Traugott Friedrich Schuchart neu erbaute Kirche St. Johannis geht auf eine Kirche zurück, die erstmals im Jahre 1238 erwähnt wird, als das Langenaltheimer Gotteshaus noch zum Kloster Solnhofen gehörte. Nachdem dieses infolge der Reformation säkularisiert worden war, fungierte die Kirche unter den Ansbacher Markgrafen als Filialkirche von Solnhofen, was dann später beim Neubau mit dem über dem Westportal eingefügten markgräflichen Wappen demonstrativ zur Schau gestellt wurde. Im Dreißigjährigen Krieg war die Kirche vollends zerstört worden. Für den Neubau konnten 1751

Oben und unten: die „Johannis-Kapelle“ in Langenaltheim (k)

Tafel für das Ehepaar Halbmeyer (k)

die Pläne einer Markgrafenkirche mit typischem Kanzelaltar aus Platzgründen nicht umgesetzt werden, so dass man daran ging, den Altar im Chorraum und die Kanzel am südlichen Chorbogen, d.h. beide getrennt voneinander, aufzustellen. Auch eine zusätzliche Empore an der Nordwand wurde eingebaut. „Der zweisäulige Altaraufbau zeigt als Hauptbild die Auferstehung und im Auszug die Taufe Christi. Dazwischen prangt das markgräfliche Wappen. Gleichfalls als Hinweis auf die Besitzer des Kirchenrechts lassen sich die beiden ungewöhnlichen, flachen Adlerfiguren zu seiten des Altars werten: Adler waren die brandenburg-ansbachischen Wappentiere. Die Altarbilder und das brandenburgische Wappen stammen von Johann Friedrich Rosa, die einfache Kanzel schuf der Solnhofer Schreiner Johann Georg Karg.“ (Denkmalliste)

KATH. FILIALGEMEINDE
Pfarramt Pappenheim,
Schützenstr. 4,
Tel. 09143/433
pappenheim@
bistum-eichstaett.de
www.pappenheim-kath.de
Gebetsraum
Info Kath. Dekanat WUG
Pfarrverband Treuchtlingen-Pappenheim

Der Gebetsraum der katholischen Filialgemeinde in Langenaltheim (k)

LANGLAU

Ortsteil der
Gemeinde Pfofeld
T 09834 PLZ 91738

KATH. FILIALKIRCHE
Pfarramt Absberg,
Marktplatz 3, Tel. 09175/802
absberg@bistum-eichstaett.de
Filialkirche Maria
Rosenkranzkönigin
Info Kath. Dekanat WUG
Pfarreienverbund GUN

Die Langlauer Kirche „Maria Rosenkranzkönigin“ wurde von heimatvertriebenen Katholiken nach dem Zweiten Weltkrieg auf dem Gelände der „Muna“ gebaut. (s)

LAUBENZEDEL
Ortsteil der Stadt Gunzenhausen, T 09831 PLZ 91710

EVANG.-LUTH. GEMEINDE
Pfarramt Haundorf-Laubenzedel, Georgentalweg 1, Haundorf, Tel. 09837/254; Kirche St. Sixtus, tagsüber geöffnet, Info Evang.-Luth. Dekanat GUN

Evang.-Luth. Kirche St. Sixtus

Augenfällig ist beim Laubenzedeler Gotteshaus, das bereits 1415 erbaut wurde, der im Westen angefügte Treppenturm, der auf eine Umgestaltung in den Jahren von 1707 bis 1709 zurückgeht. Bei dieser Bereinigung im Stil des Barocks entstand auch die Einrichtung des Innenraums, dessen lichtdurchfluteter Chor beiderseits des Altars ein dekoratives Chorgestühl

Die Laubenzedeler Kirche (b)

Die Laubenzedeler Kirche birgt in ihrem Inneren kunstvolle Ausstattungsstücke, darunter die Kanzel aus der Werkstatt von Guiseppe Volpini. (b)

besitzt. Akanthusblattstuck ziert das Sterngewölbe im Chorraum und die Decke im Langhaus. Um genügend Platz für die Kirchengemeinde zu schaffen, hat man an drei Seiten umlaufende, doppelstöckige Empore eingebaut. Vor der oberen Brüstung ist das markgräflich-ansbachische Wappen zu erkennen. Die filigran gestalteten Schnitzarbeiten am Altar und an der Kanzel stammen aus der Werkstatt des Ansbacher Hofbildhauers Giuseppe Volpini. „Am Altar sind dies die überlebensgroße Figur des Gekreuzigten und zwei Engel, die auf die Eucharistie (Kelch und Hostie am Kreuzesstamm) und auf den Gekreuzigten hinweisen. Die Brüstung von Kanzelkorb und Zugang zeigt Reliefs der vier Evangelisten, dazu Moses und Petrus, auf dem Schalldeckel steht eine Engelsfigur. Im Zuge einer Renovierung der Kirche 1932 wurde eine neue Sakristei angebaut. Weitere Renovierungen erfolgten 1962 und 1986/87, damals fügte man in den Chorfenstern Glasmalereien von Helmut Münch ein." (Denkmalliste)

MANNHOLZ
Ortsteil der
Marktgemeinde Pleinfeld
T 09144 PLZ 91785

KATH. DORFKAPELLE
Pfarramt Pleinfeld,
Pfarrgasse 2, Tel. 321
pleinfeld@bistum-eichstaett.de
Dorfkapelle (St. Marien)
Schlüssel bei Familie Harrer,
Mannholz 13
Info Kath. Dekanat WUG
Pfarreienverbund WUG

Kath. Dorfkapelle St. Marien

Der kleine Sandsteinbau mit dem Dachreiter entstand 1873.

Dorfkapelle in Mannholz (s)

Auf dem Altar befindet sich eine Marienfigur. Links und rechts des Altaraufbaus stehen die Figuren der hl. Anna und des hl. Joachim.

MARKT BEROLZHEIM
Marktgemeinde
T 09142 PLZ 91801

EVANG.-LUTH. GEMEINDE
Pfarramt
Kirchplatz 5
Tel. 90222
pfarramt.mkt.berolzheim@
pfarramt-markt-berolzheim.de
Kirche St. Michael
Kirchplatz 3
(Schlüssel im Pfarramt)
Kirche St. Maria,
Am Schloßhof
tagsüber geöffnet
Info Evang.-Luth.
Dekanat Pappenheim

Evang.-Luth. Pfarrkirche St. Michael (Untere Kirche)

Die Untere Kirche in Markt Berolzheim besitzt noch einen Turm und einen Chorbau aus gotischer Zeit, wobei das obere Turmgeschoss mit dem Helm bunt glasierter Ziegel erst 1838 neu aufgeführt wurde. In Nachfolge einer zu klein gewordenen Kirche aus dem 15. Jahrhundert ist das Langhaus in den Jahren von 1758 bis 1760 im sog. Markgrafenstil nach Plänen des ansbachischen Hofbaumeisters Johann David Steingruber neu errichtet worden. Der alte Chorraum wurde vom Langhaus abgetrennt, um einen für den Ansbacher Stil typischen Kanzelalter einbauen zu können. Im verbliebenen Teil des alten Chores befindet sich heute die Sakristei. Auch der Chorbogen wurde im Zusammenhang mit dem Langhausneubau entfernt und an seiner Stelle eine Orgelempore oberhalb des Kanzelaltars errichtet. Im unteren Geschoss des Turmes befindet sich eine Seitenkapelle, die noch aus dem Vorgängerbau stammt. „Ein schön geformter Zugang mit aus Stabwerk geformtem Gewände führt in den nahezu quadratischen Raum, dessen Kreuzgratgewölbe einen runden Schlußstein mit aufgesetzter Blüte zeigt.“ (Denkmalliste) 1869 erfolgte eine Umsetzung der Orgel vom Osten auf die Westempore. Die ehemalige Orgelempore hat man durch Fenster vom Kircheninneren abgetrennt. Ins-

Linke Seite: die Untere Kirche in Markt Berolzheim (s, b); rechte Seite oben und unten: St. Maria (Obere Kirche) in Markt Berolzheim (b)

gesamt umlaufen Emporen auf drei Seiten den Innenraum der Kirche. Von den Grabsteinen an der nördlichen Außenwand ist das Epitaph für Christoph von Embs (gest. 1565) sehenswert, der darauf als Ritter mit Rüstung und Schwert zu sehen ist.

Evang.-Luth. Kirche St. Maria (Obere Kirche)

Aus dem späten 14. Jahrhundert stammt die Obere Kirche in Markt Berolzheim. Da der Chorturm im Dreißigjährigen Krieg zerstört wurde und das Langhaus zu klein geworden war, erfolgten im Jahre 1688 eine Wiederinstandsetzung des Turmes und eine Erweiterung

des Langhauses. Bei einer Renovierung in den Jahren von 1908 bis 1912 wurde auch ein neues Orgelwerk eingebaut. Altar (um 1780), Kanzel (1722) und Orgel (1778; Werk von 1908) befinden sich in einer Achse. Innerhalb des zweisäuligen Altaraufbaus zeigt das Altarbild die Anbetung der Hirten. Schön anzusehen sind die Malereien auf den Emporenbrüstungen. Abgebildet sind neben Figuren auch Blumen und Früchte. „Eine eigenwillige Gestaltung in gestreckter Balusterform bietet der Opferstock des späten 17. Jahrhunderts." (Denkmalliste)

KATH. KURATIE
Pfarramt Treuchtlingen,
Elkan-Naumburg-Straße 1
Tel. 3312
treuchtlingen@
bistum-eichstaett.de
Pfarrkirche St. Hedwig
tagsüber geöffnet;
Info Kath. Dekanat WUG
Pfarrverband Treuchtlingen-
Pappenheim

Linke Spalte und oben: die katholische Pfarrkirche St. Hedwig in Markt Berolzheim (s)

Kath. Pfarrkirche St. Hedwig

1961 konnte die neue katholische Kirche St. Hedwig in Markt Berolzheim geweiht werden. Als Künstler hatte man den Ingolstädter Architekten Elfinger gewinnen können, der den Bau auf dem Grundriss eines gleichseitigen Fünfecks verwirklichte. Der Glockenturm ist freistehend. Sehenswert sind die Glasmosaikfenster des Kunstmalers Max Wendl. Das Gotteshaus wirkt im Inneren wie von warmem Licht durchflutet.

Links: die ökumenische Kapelle (k)

MASSENBACH
Ortsteil von Ellingen
T 09141 PLZ 91792

ÖKUMENISCHE KAPELLE
Kath. Pfarramt Ellingen,
Weißenburger Str. 24, Tel. 2508
ellingen@bistum-eichstaett.de
Info Kath. Dekanat WUG
Pfarreienverbund WUG

Ökumenische Kapelle

Die Ökumenische Kapelle ist ein fein proportionierter Bau mit Satteldach und Glockenträger. Im Inneren besticht die schlichte und gediegene Ausstattung. Die Pläne und Bildhauerarbeiten fertigte der verstorbene Weißenburger Gymnasialprofessor Josef Lidl. Zum Abschluss der Flurbereinigung und Dorferneuerung errichteten die evangelischen und katholischen Einwohner 1969 in vorbildlicher Gemeinschaftsarbeit die Kapelle als bewusstes Zeichen der Ökumene.

MEINHEIM
Gemeinde
T 09146 PLZ 91082

EVANG.-LUTH. GEMEINDE
Pfarramt Meinheim, Hagenbuchring 2, Tel.: 700
Pfarrkirche St. Wunibald, Wunibaldstraße; weitere Kirche: Kurzenaltheim (St. Margaretha); Infos Evang.-Luth. Dekanat HDH

Evang.-Luth. Kirche St. Wunibald

Noch heute ist der wehrhafte Charakter der evangelischen Kirche St. Wunibald in Meinheim zu erkennen. Er führt zurück auf das 15. Jahrhundert, als der Bau der Kirche erfolgte. Aus dieser Zeit stammen noch der Chorturm und die Sakristei, während das Langhaus in seiner Grundstruktur vermutlich bis ins 13. Jahrhundert zurück-

reicht. Im frühen 18. Jahrhundert wurde es umgebaut. 1840 wurde der Turmhelm mit bunt glasierten Ziegeln aufgesetzt. Im Inneren fällt die Langhausdecke mit ihrem üppigen Dekor auf, in qualitätvollem Stuck gerahmte Bilder. Als Künstler hat sich hier der Maler Benedikt Gamß verewigt. Die Gemälde aus dem frühen 18. Jahrhundert zeigen die Geburt Christi, die Taufe im Jordan und Christus am Ölberg. In den Ecken sind

Linke Seite oben: die Wunibaldskirche in Meinheim und ein Ausschnitt aus dem Deckengemälde mit der Taufe Christi; unten: Blick auf den Altarraum von St. Wunibald (s)

auf runden Medaillons (Tondi) die vier Evangelisten zu sehen. Bei dem Umbau des Langhauses hat man das Altarkruzifix und den Taufstein neu erworben. Etwas jüngeren Datums ist das mit aufwendigem Farbdekor gefasste Orgelgehäuse (1753). Das in Pyramidenform errichtete Grabmal an der Außenwand des Langhauses stammt aus dem Jahre 1797. Noch älter ist der Grabstein für Hans Maurer (1612).

MISCHELBACH

Ortsteil der Marktgemeinde
Pleinfeld, T 09144 PLZ 91785

KATH. FILIALGEMEINDE
Pfarramt Pleinfeld
Pfarrgasse 2, Tel. 321
pleinfeld@bistum-eichstaett.de
Filialkirche St. Otto
Röttenbacher Straße
Info Kath. Dekanat WUG,
Pfarreienverbund WUG

Kath. Filialkirche St. Otto

Noch relativ jung ist der Kirchenbau in Mischelbach. 1922 wurde die Chorturmanlage von Hans Pylipp errichtet. Kunstge-

St. Otto in Mischelbach (s)

schichtlich von Interesse ist das Gemälde mit der Abbildung des hl. Otto von Bamberg im Raum hinter dem Altar. Es besteht die Hypothese, dass der Bamberger Bischof aus Mischelbach stammt.

MÖHREN

Ortsteil der Stadt Treuchtlingen
T 09142 PLZ 91757

KATH. PFARREI
Pfarramt Treuchtlingen
Elkan-Naumburg-Straße 1
Tel. 3312
treuchtlingen@bistum-eichstaett.de
Pfarrkirche Mariä Himmelfahrt
tagsüber geöffnet
Info Kath. Dekanat WUG
Pfarrverband Treuchtlingen-Pappenheim

Kath. Pfarrkirche Mariä Himmelfahrt

1583, in der Zeit, als Möhren protestantisch war (1542 bis 1626), wurde die Möhrener

Pfarrkirche unter Endreß Fuchs von Bimbach als evangelische Schlosskirche errichtet. Nach einem verheerenden Ortsbrand wurde die Kirche in den Jahren 1672 und 1673 auf Veranlassung von Herzog Philipp Wilhelm von Pfalz-Neuburg renoviert und erweitert. Bereits der Dreißigjährige Krieg hatte zuvor zu erheblichen Schäden geführt. Von 1702 an wurde der Bau als Pfarrkirche genutzt und von 1726 bis 1729 nochmals erneuert. Dabei entstand das vom freistehenden Turm getrennte Langhaus in seiner heutigen Form. Der alte Mauerbestand konnte größtenteils wiederverwendet werden. Deckengemälde und Stuck sind aus dem Jahr 1745. Aus dem späten 20. Jahrhundert stammen Volksaltar, Ambo, Taufstein und Ewiges Licht. Die Flachdecken über dem Chor und dem Langhaus sind 1745 mit üppigem Stuckwerk aus Gitter- und Bandelwerk geschmückt worden. Zum Bildprogramm der Deckenfresken gehören „im großen Mittelbild die Huldigung der Himmelskönigin Maria durch die hl. Katharina von Siena und den hl. Dominikus sowie durch die vier Erdteile (dabei ist im Hintergrund eine zeitgenössische Ansicht von Möhren integriert). Beigeordnete kleinere Bilder zeigen die Verkündigung Mariens, die Darstellung Christi im Tempel, den zwölfjährigen Christus im Tempel und die Immaculata. Im 19. Jahrhundert wurden an der Chordecke die Aufnahme Mariens in den Himmel und zwei Bilder über den Seitenaltären zugefügt." (Denkmalliste)

Ein Kruzifix, eine spätgotische Marienfigur und ein Rosenkranz zieren den Hochaltar aus der Mitte des 18. Jahrhunderts, ganz im Stil des Rokokos. Auffallend ist der Altaraufbau in Form eines Tabernakels.

Sehenswert ist die mit Stuck reichlich geschmückte Kanzel aus dem Jahr 1730. „Im Korpus sind innerhalb des Akanthusstucks Bilder von Jesus und den Evangelisten integriert, auf dem Schalldeckel sitzt ein Pelikan, der sich seinen Jungen opfert. – An Bildwerken gibt es im Kirchenraum eine Michaelsfigur

Linke Seite und unten: Mariä Himmelfahrt in Möhren (k, Roth)

der zweiten Hälfte des 17. Jahrhunderts über dem Chorbogen; zwei Barockengel an der Chorstirnwand hinter dem Altar; aus dem späten 17. Jahrhundert zwei Tafelbilder (Hl. Familie und Fußwaschung der Apostel) sowie 15 kleinere, nachträglich mit Knorpelwerk gerahmte Szenen aus dem Leben Christi an der Emporenbrüstung. (…) Im Chor erinnern zwei Glasfenster von 1899 mit der Darstellung des Eichstätter Bischofs Hildebrand von Möhren (im Amt 1264–79) und des Philosophen Albert Stoeckl (1823–95) an zwei bedeutende Möhrener.“ (Denkmalliste)
Ein Grabstein an der Nordwand des Chors erinnert an den Bauherren des Schlosses, den 1722 verstorbenen Graf Marquard Eustachius Fugger-Nordendorf. Er hatte auch die Erneuerung der Kirche finanziell unterstützt.

MUHR AM SEE

Gemeinde
T 09831 PLZ 91735

EVANG.-LUTH. GEMEINDE
Pfarramt Kirchenstr. 26, Tel. 2874
pfarramt-muhr@email.de
Kirche Altenmuhr
(St. Johannes), Kirchenstraße
Kirche Neuenmuhr
(St. Jakobus), Freiherr-von-Lentersheim-Straße
tagsüber geöffnet
Info Evang.-Luth.
Dekanat GUN

Evang.-Luth. Kirche St. Johannes d. T. in Altenmuhr

Linke Seite: Epitaphien derer von Lentersheim in der Altenmuhrer Kirche (s); oben: Kirche St. Johannes d. T. in Altenmuhr (s)

St. Johannes d. T. in Altenmuhr geht auf eine Kirche des 13. Jahrhunderts zurück. Um 1300 ist bereits von einer Pfarrkirche die Rede. Inhaber der Patronatsrechte waren die Herren von Lentersheim, die um diese Zeit in Nachfolge der Herren von Mur hier Fuß fassten. 1467 erfolgte dann ein weitreichender Umbau, bei dem das Langhaus nach Norden hin vergrößert und mit einer im spätgotischen Stil errichteten Vorhalle ausgestattet wurde. Auch der Chorraum wurde erweitert und über ihm ein Chorturm errichtet. „1723 erfolgten Umbauten, bei denen das Langhaus erhöht, die Fenster vergrößert und das Kirchenschiff durch Verkürzung des Chores um ein Joch vereinheitlicht wurde. Das oberste Turmgeschoß stammt aus dieser Zeit, die Zwiebelhaube setzte man nach einem Blitzschlag 1798 auf. Bei Renovierungsarbeiten 1908/10 wurden Grabsteine vom Fußboden an die Wände versetzt.“ (Denkmalliste) Reste von Wandmalereien aus der

spätgotischen Bauphase sind im Gewölbe des Chors erhalten. Zu sehen sind die Evangelistensymbole für Markus und Lukas. An den Chorwänden umgibt ein alle drei Seiten umlaufendes Chorgestühl des späten 16. Jahrhunderts den Altarraum, in dem über dem Altaraufbau ein großer Kruzifixus aus barocker Zeit (um 1720) hängt. Aus dieser Zeit stammt auch die übrige Einrichtung. Rankenwerk ziert den fünfteiligen Prospekt der Orgel auf der Nordempore.

Chorraum und Langhaus in St. Johannes bezeugen noch heute die Bedeutung der Altenmuhrer Kirche als Grablege der Freiherren von Lentersheim. (b)

Augenfällig sind die allseits an den Wänden angebrachten Epitaphien und Grabplatten. Sie gehen bis auf die Mitte des 15. Jahrhunderts zurück und stammen z.T. aus der Werkstatt des Eichstätter Bildhauers Loy Hering. Es wird deutlich, dass die Altenmuhrer Kirche den Lentersheimern als Grablege diente. „Die kunsthistorisch zum Teil bedeutenden Epitaphien und Grabplatten weisen auf die frühere, zusätzliche Funktion der Kirche als Grablege der Familie von Lentersheim hin. Von den 1734 erwähnten 60 Grabmälern sind jedoch nur mehr etwa 30 erhalten: Die ältesten noch vorhandenen Grabsteine stammen von 1462 und 1467. Besonders hinzuweisen ist auf Epitaphien, die von Loy Hering und seiner Werkstatt (für Margreta von Lentersheim, † 1532; für Hans Wolf von Lentersheim, † 1547; wohl auch für die Kinder Wolf Wilhelm und Veit Friedrich, beide † 1552; für Christoph von Lentersheim, † 1544, und seine Gemahlin Margret, geb. Waldenrot, † 1561) sowie von Wolf Beidmüller (für Hans Wolf von Lentersheim, † 1582, und seine Gemahlin Ursula, geb. Rosenberg) gefertigt wurden. Neugotisches Grabdenkmal Le Suire, 1906.“ (Denkmalliste)

Evang.-Luth. Kirche St. Jakobus in Neuenmuhr

St. Jakob maior und St. Georg in Neuenmuhr, 1617/18 auf Veranlassung von Joachim Christoph von Lentersheim errichtet – an ihn erinnern eine Ahnentafel von 1634 neben der Orgel und eine Inschrift am Chorbogen –, war die Filialkirche von St. Johannes in Altenmuhr. Die Weihe des Gotteshauses erfolgte 1622. Im Jahr 1831 wurde die welsche

Oben: die Neuenmuhrer Kirche St. Jakobus mit dem Storchennest auf dem Turm und dem Chorraum (b)

Haube des Turmes durch eine neue Bekrönung mit Satteldach und abgetreppten Giebeln ersetzt. Auffallend sind die zwei links und rechts des Chorbaus errichteten Treppentürme (17. Jh.). Der Altar stammt aus dem Jahre 1911. Über ihm befindet sich ein barockes Kruzifix. „Markantestes Ausstattungsstück ist die Kanzel vor der nördlichen Chorbogenkante. Ihr polygonaler Korpus lagert auf einer schlanken Säule und zeigt an den Brüstungsfeldern von Kerbschnitzerei gerahmte Bildfelder mit den vier Evangelisten. Der Zugang erfolgt über den nördlichen Treppenturm, dessen unteres Geschoß gleichzeitig als Sakristei dient.“ (Denkmalliste)

KATH. FILIALGEMEINDE
Pfarramt Gunzenhausen,
Nürnberger Str. 29, Tel. 2405
gunzenhausen@bistum-eichstaett.de; Filialkirche
St. Walburga, tagsüber geöffnet
Info Kath. Dekanat WUG
Pfarreienverbund GUN

Kath. Filialkirche St. Walburga

1958 wurde die katholische Filialkirche in Muhr am See eingeweiht. Architekt war Hanns Meier. Das textile Wandbild über dem Altar fertigte 1966 Resl Elfinger.

Oben und unten: Die katholische Filialkirche in Muhr am See (b)

NENNSLINGEN

Marktgemeinde
T 09147 PLZ 91790

EVANG.-LUTH. GEMEINDE
Pfarramt Nennslingen
Marktplatz 4
Tel. 95020
pfarramt.nennslingen@
arcormail.de
Kirche Mariae
Beatae Virginis
Schmiedgasse
sonntags geöffnet
weitere Kirche:
Wengen

Info Evang.-Luth.
Dekanat WUG

**Evang.-Luth. Kirche
Mariae Beatae Virginis**

Nennslingen wird erstmals in einer Urkunde erwähnt, die sich auf die Kirchenweihe des Eichstätter Bischofs Gundekar zwischen 1057 und 1075 bezieht. Doch Ausgrabungen jüngeren Datums (1988/89) geben einen Hinweis darauf, dass es bereits in vorromanischer Zeit eine erste Holzkirche am Ort gegeben haben muss. 1374 erhielten die Schenken von Geyern das Patronatsrecht. In den Jahren 1532 bis 1547 wurde der Kirchenbau nach Süden erweitert und mit einem neuen Chor

*Die evangelische Kirche
in Nennslingen (s)*

versehen. Ebenfalls um diese Zeit wurde an der Südseite die Grabkapelle für die Schenken von Geyern errichtet, in der sich heute zahlreiche Epitaphien dieses Adelsgeschlechtes befinden. „Aus dem 16. bis 18. Jahrhundert gibt es acht Grabplatten für Angehörige der Familie der Schenken von Geyern. Drei dieser Platten lassen sich einer Hand zuweisen: die für Christoph Schenk von Geyern und Syburg († 1547), für Anna Schenkin von Geyern († 1553) und für Anna Schenkin geb. von Seckendorff zu Syburg († 1572).“ (Denkmalliste)
Aus dem Spätmittelalter sind Wand- und Gewölbemalereien vorhanden, darunter eine bemerkenswerte Darstellung des Erzengels Michael als Seelenwäger an der Chorsüdseite. Seine Flügel bestehen aus Pfauenfedern.

Auch das Chorgewölbe ist mit beeindruckenden Fresken geschmückt. „Die Chorgewölbekappen und Schildbögen über den Fenstern zeigen Sterne, die vier Evangelistensymbole, den segnenden Christus und Heilige. (...) An der Turmsüdwand können noch Reste einer Szene mit Christus als Schmerzensmann festgestellt werden.“ (Denkmalliste)

Linke Seite: Langhaus und Altar der Nennslinger Kirche. Oben: Gewölbe im Chor; unten St. Michael als Seelenwäger (s)

Der mächtige Kirchturm im Westen birgt im Untergeschoss den ursprünglich gewölbten Chorraum aus romanischer Zeit. Das geamte Ensemble ist mit einer hohen Mauer umgeben. Den Abschluss zum Marktplatz bildet das ehem. Neue Amtshaus mit Durchfahrt (bez. 1700).

KATH. FILIALKIRCHE
Pfarramt Raitenbuch,
Nennslinger Str. 6
Tel. 09147/300
raitenbuch@
bistum-eichstaett.de
Filialkirche Mariä Namen
tagsüber geöffnet
Info Kath. Dekanat WUG
Pfarreienverbund WUG

Kath. Filialkirche Mariä Namen

Über einem ovalen Grundriss erhebt sich der moderne Bau der im Jahre 1958 geweihten Kirche mit seinem den Innenraum beherrschenden Glasgemälde der Maria als Schutzmantelmadonna. Ausführender Künstler war der Münchner Maler Böhm. Von 2002 stammt der Volksaltar mit der Darstellung „Christus der Weinstock“.

Die 1958 erbaute katholische Filialkirche Mariä Namen (k)

NEUDORF

Ortsteil der Stadt Pappenheim
T 09143 PLZ 91788

EVANG.-LUTH. GEMEINDE
Pfarramt Neudorf-Suffersheim
Haus Nr. 63, Tel. 222
pfarramt.neudorf@elkb.de
Kirche St. Jakobus
Info Evang.-Luth. Dekanat Pappenheim

Evang.-Luth. Kirche St. Jakobus

Die Chorturmkirche aus dem 15. Jahrhundert wurde im frühen 18. Jahrhundert verändert. Die Schmuckziegel auf dem Spitzhelm des viergeschossigen Turmes verleihen der Kirche ein unverwechselbares Aussehen. Über dem nachträglich gerundeten Chorbogen ist das Wappen der Pappenheimer Reichserbmarschälle zu sehen, die in Neudorf die Grundherrschaft innehatten. Um das Altarkreuz gruppieren sich 16 geschnitzte

Die Neudorfer Jakobuskirche (k)

16 geschnitzte Engel flankieren das moderne Altarkreuz der Neudorfer Kirche. (k)

Engel, eine moderne Schöpfung des Nürnberger Künstlers Ludwig Manz aus den Jahren 1957 bis 1961. Der Kanzelkorpus aus dem Jahr 1702 ist mit Fruchtgehängen dekoriert. Der Schalldeckel stammt aus dem Jahr 1683. 1793 wurde der Taufstein gefertigt, eine klassizistisch anmutende Arbeit, abwechselnd mit Rosetten und Triglyphen am Beckenrand.

NIEDER-PAPPENHEIM
Ortsteil der Stadt Pappenheim
T 09143 PLZ 91788

EVANG.-LUTH. GEMEINDE
Pfarramt Niederpappenheim-Osterdorf; Graf-Carl-Str. 1,
Tel. 83170; Kirche St. Michael
weitere Kirche: Kirche St. Georg, Übermatzhofen,
offen 1. Mai bis 30. September
Info Evang.-Luth.
Dekanat Pappenheim

Evang.-Luth. Kirche St. Michael

Die beiden auf den lichtdurchfluteten Altarraum zulaufenden Emporen, die sich im Westen mit der Orgelempore vereinen, schaffen ein beeindruckend harmonisches Raumgefüge im Inneren der Kirche. Im Jahre 1777 erfolgte ein umfassender Um-

Unten: St. Michael in Niederpappenheim; rechte Seite oben: Das Wappen der Pappenheimer Grafen (k)

bau, der zu diesem „stimmigen Zustand“ (Denkmalliste) wesentlich beigetragen hat. Auch die Orgel wurde bei dieser Gelegenheit neu eingebaut. Dekorativ wirkt besonders der schlanke Kanzelaltar, der ganz auf seine Funktion zur Verkündigung von Gottes Wort hin konzipiert wurde.
Über dem schlichten Altarblock hängt eine filigran gestaltete Predella aus dem frühen 17. Jahrhundert, auf der Abbildungen eines Abendmahls und eines Passahfestes zu sehen sind. „Die Auswahl der Bildthemen (…) und die stilistische Art der Ausführung orientieren sich an zwei seitlichen Darstellungen des Konfessionsbildes in der Weißenburger St.-Andreaskirche.“ (Denkmalliste)
Die Kanzel stammt noch aus dem Jahr 1698 und befand sich vor dem Umbau im Emporenbereich. Den Korpus schmücken zwischen gewundenen Ecksäulchen Engelsköpfe und Urnen in flachen Nischen. Der üppig dekorierte Schalldeckel ist in Form einer Volutenkrone gefertigt. Die Madonnenfigur rechts des Altars stammt aus dem späten 15. Jahrhundert. St. Michael, so die Autoren der Denkmalliste, gilt als „Kleinod des evangelischen Kirchenbaus im ehemaligen Pappenheimer Territorium“. Auf die Grundherrschaft der Pappenheimer Grafen verweist ein Wappen über dem Westportal des ansonsten von außen eher schmucklos wirkenden Baus.

OBERASBACH
Ortsteil der Stadt Gunzenhausen; T 09831 PLZ 91710

EVANG.-LUTH. GEMEINDE
Pfarramt Unterasbach
Hs. Nr. 35, Tel. 266
Kirche St. Wolfgang; Info
Evang.-Luth. Dekanat GUN

Evang.-Luth. Filialkirche St. Wolfgang

Die heutige Oberasbacher Kirche geht auf einen Neubau in den Jahren von 1876 bis 1878 zurück. Die Vorgängerkirche aus dem Jahre 1460, lange Zeit als Ablass- und Wallfahrtskirche genutzt, war im Dreißigjährigen Krieg zerstört worden und stand bis ins 19. Jahrhundert als Ruine im Ortszentrum von Oberasbach. Die neugotische Chorturmanlage besitzt einen kreuzrippengewölbten Chor und ein sehenswertes Altarbild aus dem Jahr 1899. Abgebildet hat Professor Fleischmann darauf eine Darstellung des Guten

Oben und unten: St. Wolfgang (s,b)

Hirten. 1988 wurde das Bildprogramm durch zwei Farbfenster von Hans Gottfried von Stockhausen ergänzt.

OBERERLBACH

Ortsteil der
Gemeinde Haundorf
T 09834 PLZ 91729

KATH. PFARREI
Pfarramt Absberg
Marktplatz 3
Tel. 09175/802
absberg@bistum-eichstaett.de
Pfarrkirche St. Valentin
Info Kath. Dekanat WUG
Pfarreienverbund GUN

Kath. Pfarrkirche St. Valentin

Beim Anblick der Obererlbacher Kirche wird dem Betrachter kaum gewahr, dass es sich

Oben: St. Valentin, Obererlbach (s);
unten: St. Martin in Oberhochstatt (k)

hier um Baukörper aus verschiedenen Epochen handelt. So stammt das Langhaus aus dem Jahr 1486, während der Chor im frühen 17. Jahrhundert errichtet wurde und große Teile im 19. Jahrhundert ergänzt wurden, darunter der Turm, das Chorgewölbe und die Innenausstattung. Das harmonisch wirkende äußere Erscheinungsbild wird durch die einheitliche Verwendung des Rotsandsteins als Baumaterial noch unterstrichen. Von der alten katholischen Kirche in Gunzenhausen stammt der neugotisch gestaltete Hochaltar, in dessen Mittelschrein eine etwa 1490 entstandene Marienfigur aufgestellt wurde.

OBERHOCHSTATT
Ortsteil der Stadt Weißenburg
T 09141 PLZ 91718

EVANG.-LUTH. GEMEINDE
Pfarramt Oberhochstatt
Am Berg 10, Tel. 4838
pfarramt.oberhochstatt@elkb.de
Kirche St. Martin
täglich geöffnet,
außer Samstag
Info Evang.-Luth.
Dekanat WUG

Evang.-Luth. Kirche St. Martin

Für das Jahr 1185 ist eine Kirchenweihe unter Bischof Otto von Eichstätt bezeugt, obwohl

Martinskirche in Oberhochstatt (k)

das Martinspatrozinium auf eine frühere Gründung hindeutet. Von der mittelalterlichen Kirche sind kaum noch Reste vorhanden. 1718 musste der damals noch vorhandene Bestand wegen Baufälligkeit erneuert werden, nachdem rund einhundert Jahre zuvor bereits der Turm neu aufgemauert worden war. Im 18. Jahrhundert wurde er nochmals aufgestockt und bekam dann in den Jahren von 1769 bis 1771 einen barocken Turmhelm in Spindelform. Auch das Langhaus wurde erhöht und nach Norden erweitert. Die Innenausstattung wurde in den Jahren 1872 und 1883 erneuert, was durch eine Renovierung in den Jahren 1992 und 1993 noch einmal betont wurde. Der Altar des Ansbacher Bildhauers Franz Herterich gehört ebenso zu den sehenswerten Ausstattungsstücken des 19. Jahrhunderts wie das Deckenbild des Weißenburger Malers Otto Schlagenhauser mit der Darstellung der Verklärung Christi.

OSTERDORF

Ortsteil der Stadt Pappenheim
T 09143 PLZ 91788

EVANG.-LUTH. GEMEINDE
Pfarramt Niederpappenheim-Osterdorf, Graf-Carl-Str. 1, Pappenheim, Tel. 83170
Kirche St. Erhart
offen 1. Mai bis 30. September
Info Evang.-Luth. Dekanat Pappenheim

Evang.-Luth. Kirche St. Erhart

Noch heute wird die Osterdorfer Kirche von der Friedhofsmauer umgeben und diese vom Dorfanger eingerahmt, der sich in der Ortsmitte ausbreitet. Der Bau der schlichten Chorturmkirche stammt aus dem Jahr 1536. 1965 wurden die Emporen verbreitert und eine Orgel auf der Empore nahe dem abgerundeten Chorbogen eingebaut, über dem das Wappen der Pappenheimer aufgemalt wurde. Aus dem späten 17. Jahrhundert stammen sowohl die Kanzel als auch der Altar, der mit einem Bild von Christus am

Oben: St. Erhart in Osterdorf; unten: römischer Gedenkstein an der Außenwand (k)

Ölberg versehen ist. Gemalt hat es 1874 ein Künstler namens W. Braun. Aus der Barockzeit stammt das Chorgestühl. In die südliche Außenwand ist ein römischer Gedenkstein eingelassen. Er wird mit der in der Nähe verlaufenden Römerstraße in Verbindung gebracht.

OSTHEIM
Ortsteil der Gemeinde Westheim
T 09082 PLZ 91747

EVANG.-LUTH. GEMEINDE
Pfarramt Heidenheim II
Tel. 09833/786
Kirche St. Maria
Info Evang.-Luth.
Dekanat HDH

Oben: Evang.-Luth. Kirche in Ostheim; rechte Seite: Blick in den Chorraum und Grabstein eines Rechenbergers (s)

Evang.-Luth. Kirche St. Maria

Die evangelische Pfarrkirche St. Maria in Ostheim ist eine Chorturmkirche des späten 14. Jahrhunderts. Das Langhaus wurde 1898 in Form eines Querbaus nach Norden erweitert. Der Chorraum wird durch ein Kreuzrippengewölbe geschlossen, dessen bedeutende Ausmalung im frühen 15. Jahrhundert entstanden ist. In die Gewölbefelder hinein komponiert und einander paarweise zugeordnet sind die vier Evangelistensymbole und die vier großen Kirchenlehrer, während in den Gewölbezwickeln acht Apostel stehen. In der Laibung des Chorbogens sind die klugen und die törichten Jungfrauen einander gegenübergestellt. Die Kirche in Ostheim ist Grablege der niederadeligen Herren von Rechenberg, eines Ministerialengeschlechts, das oberhalb von Ostheim seine Burg hatte. Dies erklärt die große Zahl an Grabdenkmälern des 16. bis 18. Jahrhunderts, die an der Innenwand aufgestellt sind. Am bedeutendsten ist das Epitaph des Erckinger, des Ernst, der Cecilia und der Irmelgart von Rechenberg, eine wohl eigenhändige Arbeit des Eichstätter Bildhauers Loy Hering von 1538, an der Nordwand des Chores.

„Als bedeutende Zeugnisse der Sepulkralkunst erinnern mehrere Grabplatten und Epitaphien an das Ortsadelsgeschlecht

der Rechenberger. Der bedeutendste unter den ausführenden Künstlern war der Eichstätter Bildhauer Loy Hering, weitere Werke entstammen seiner Werkstatt und Nachfolge. Diese Grabdenkmale wurden aus Eichstätter Kalkstein geschaffen, teilweise farbig gefaßt und mit Marmoreinsätzen versehen. Im formalen Aufbau bestehen sie recht einheitlich aus einer Sockelzone mit Inschrift, der Hauptzone (meist ein von Pilastern und breitem Abschlußgesims gerahmtes Bildfeld) und einem Aufsatz darüber, der ein weiteres Bildfeld enthalten

Wertvolle Epitaphien zieren die Wände im Chor und im Langhaus der Ostheimer Pfarrkirche, darunter Grabsteine derer von Rechenberg. (s)

kann. Fast durchgängig sind die Verstorbenen als kniend betende Figuren dargestellt. Eine Vielzahl an Wappen wird vor den seitlichen Pilastern oder am Aufsatz präsentiert. Die bedeutendsten Grabdenkmäler im einzelnen (verwiesen ist nur auf die biblischen Szenen, abgebildete Verstorbene auf den Grabmälern werden nicht eigens aufgeführt): 1. für Erckinger, Ernst, Cecilia und Irmelgart von Rechenberg, mit der Kreuzigung (1538 durch Loy Hering geschaffen;); 2. für Cristoff von Rechenberg († 1549), mit der Auferstehung Christi; 3. für Balthasar von Rechenberg († 1551) und Afra, geb. von Knörringen, mit der Auferstehung Christi; 4. für Walburg von Seckendorff, geb. Rechenberg († 1563), mit dem Kruzifix vor einer befestigten Stadt (möglicherweise durch Bartholomäus Wanger geschaffen); 5. für Veit († 1571) und Konrad von Rechenberg, mit der Erweckung der Toten und dem Jüngstem Gericht; 6. für Cäcilia Schenk von Schenkenstein, geb. Rechenberg († 1572) und Margareta von Rechenberg († 1580), mit der Szene der drei Frauen vor dem Engel auf dem Grab Christi und der Verkündigungsszene; 7. für Erkinger († 1580), Georg Friedrich und seine Frau Sabina (beide † 1583) von Rechenberg, mit den Jüngern am Ölberg und der Taufe Christi; 8. für Ernst von Rechenberg († 1578) und Sabina, geb. Westerstetten († 1585), mit

dem Gnadenstuhl; 9. für Afra von Buttlar, geb. Rechenberg, 1602 als letzte des Geschlechts verstorben, mit der Taufe Christi (Nr. 5–9 wohl durch Wilhelm Sarder oder seine Werkstatt). Einfachere Grabsteine gibt es u. a. noch für Sabina von Buttlar, geb. Westerstetten († 1587) und zusätzlich zu ihrem Epitaph für Afra von Buttlar, geb. Rechenberg.

Zwei am Chorbogen eingelassene Bildreliefs mit der Darstellung der Anbetung der Könige und dem Gastmahl im Haus des Pharisäers Simon erinnern durch Zufügung von Wappen an die Rechenberger und die Truchseß von Wetzhausen. Aus späterer Zeit haben sich Grabmale für Pfarrer erhalten, so an der Chorsüdwand ein Holzepitaph für Nathan Hurttel († 1608) und seine Familie sowie an der Westseite der Kirche zwei Pyramidenurnengrabmäler für Pfarrer Ludwig Vogel († 1817) und seine Gattin Sophie Charlotte, geb. Oeder († 1793). Bemerkenswert ist auch der Grabstein an der Südwand, der an die Familie Bürklein erinnert, bedeutende Nachfahren dieser Familie waren die beiden Architekten Eduard und Friedrich Bürklein." (Denkmalliste)

Oben: „Die törichten und die klugen Jungfrauen"; unten: Wappenstein derer von Rechenberg und von Seckendorff (s)

OTTMARSFELD
Ortsteil der Gemeinde
Höttingen
T 09141 PLZ 91798

KATH. FILIALKIRCHE
Pfarramt Ellingen,
Weißenburger Str. 24,
Tel. 2508
ellingen@bistum-eichstaett.de
Filialkirche St. Otmar
tagsüber geöffnet
Info Kath. Dekanat WUG
Pfarreienverbund WUG

Kath. Filialkirche St. Otmar

Umgeben von einem kleinen Friedhof mit Mauer erhebt sich die katholische Filialkirche St. Otmar in Ottmarsfeld. Genannt wird das Gotteshaus erstmals im Zusammenhang mit einer Kirchenweihe unter Bischof Otto von Eichstätt zwischen 1182 und 1188. Einschneidende Umbauten erfolgten in den Jahren von 1670 bis 1680, wobei vor allem der Deckenstuck mit seinen Engelsköpfen und der Hochaltar aus dieser Zeit herrühren. Auf dem Kirchendach sitzt ein kleiner Dachreiter auf, der dem schlichten Kirchenbau eine elegante Note verleiht.

„Der Altaraufbau zeigt das Wappen des Deutschordensmeisters Johann Kaspar von Ampringen (1664-1684), das Altarbild (Maria erscheint dem hl. Ottmar) zwischen den beiden von Weinreben umwundenen Säulen stammt jedoch erst aus dem Jahr 1885, gefertigt durch den Eichstätter Maler Alois Süßmaier." (Denkmalliste)

Links: Filialkirche St. Otmar in Ottmarsfeld; oben: Blick von der Empore und Detail am Altar (s)

PAPPENHEIM

Stadt, T 09143 PLZ 91788

EVANG.-LUTH. DEKANAT
Graf-Carl-Str. 1,
Tel. 83170, Fax 831720
www.dekanat-pappenheim.de
dekanat.pappenheim@elkb.de

EVANG.-LUTH. GEMEINDE
Pfarramt Graf-Carl-Str. 1
Tel. 83170, Fax: 831720
pfarramt.pappenheim@elkb.de
Kirche St. Marien, Graf-Carl-Str., tagsüber geöffnet
Galluskirche, Dechantshof tagsüber geöffnet (außer samst.)
Augustiner-Eremiten-Klosterkirche Zum Hl. Geist, (nicht öffentlich zugänglich)
Weidenkirche
Info Evang.-Luth. Dekanat Pappenheim

Evang.-Luth. Kirche St. Marien

In den Jahren 1452 bis 1476 entstand der Bau der spätgotischen Marienkirche in Pappenheim. Als Pfarrkirche fungiert sie erst seit der Reformation. Der Einbau der Empore erfolgte 1679, Altar und Kanzel folgten 1713, von 1728 stammt der fünfteilige Orgelprospekt. Jüngeren Datums sind die Glasmalereien an den Fenstern der Südwand. Sie wurden 1906 aufgebracht. Ein Durchgang mit Tonnengewölbe unter dem etwas höher gelegten Chor, der in die Stadtmauer einbezogen wurde, sollte die Verbindung im Verteidigungsfall gewährleisten. Wer in Pappenheim das Sagen hatte, ist am Schlussstein im Kreuzgratgewölbe des Chors zu erkennen: Auf ihm wurde, wie auch am

Stadtkirche und Altes Schloss (s)

Orgelprospekt, das Wappen der Reichserbmarschälle von Pappenheim angebracht. Ein weiteres befindet sich über dem Altarbild, auf dem die Verklärung Christi am Berg Tabor abgebildet ist. Auch auf dem Rest eines Wandgemäldes über dem südlichen Ausgang, auf dem Maria im blauroten Gewand abgebildet ist, erkennt man das Wappen der Pappenheimer. Zwei dekorativ gestaltete Herrschaftsstände auf der Westempore aus dem Jahre 1680 sind ebenfalls ein Indiz für die einstigen Patronatsherren. „Der südliche, übereck errichtete Kastenaufbau mit gewundenen Säulchen an der Brüstung war beheizbar und Sitz des ‚Seniors' des jeweils regierenden Marschalls. Der nördliche, etwas kleinere Logenaufbau blieb dem ‚Nächstältesten' der Reichserbmarschälle und später Hofbeamten vorbehalten." (Denkmalliste)

1974 wurden zahlreiche, im Fußboden verborgene Grabsteine und Epitaphien entdeckt. „Am markantesten und kunsthistorisch wertvollsten sind die Epitaphien für vier Reichserbmarschälle an der Süd- und Ost-

seite des Langhauses: Rechts unterhalb der Kanzel befindet sich der Stein für Marschall Christoph von Pappenheim († 1562), eine einfache Kalksteinplatte mit Darstellung des Verstorbenen in Rüstung und den Familienwappen in den Ecken. Von Osten nach Westen sind in der Südwand zwischen den Fenstern eingefügt: l. das formal aufwendigste und größte Epitaph für Wolf von Pappenheim († 1585). Der teilweise farbig gefaßte und vergoldete Stein wird von Malereien umfangen, die innerhalb einer reichen Rollwerkdekoration die Figuren von Spes, Caritas und Fides zeigen.

Linke Seite und oben: Stadtkirche St. Marien in Pappenheim; rechts: Plastik von Karl Hemmeter (k)

Die stark plastisch ausgearbeitete Komposition präsentiert die Figur des Verstorbenen in einer Muschelnische, gerahmt von Ahnenwappen und einem Säulenpaar, deren breite Sockel Reliefs der Gemahlin und der beiden Söhne des Verstorbenen tragen. Der Aufsatz bietet eine Auferstehungsszene. 2. Epitaph für Heinrich († 1590); mit Gemahlin und Sohn kniet der Verstorbene unterhalb eines Kruzifixes, zu dessen Seiten Maria und Johannes auf Konsolen stehen. Die rahmenden Pilaster zeigen Ahnenwappen, den Aufsatz bilden zwei seitliche Putten, die geraffte Tücher hinter den Wappen halten und eine Inschriftentafel in der Mitte. 3. Epitaph für Wilhelm († 1621), mit der Darstellung des Verstorbenen in einer flachen Nische, auf den seitlichen Pilastern und im Aufsatz Wappen.“ (Denkmalliste)

Sankt Gallens Besitzungen im Altmühltal

Das Mittelschiff von St. Gallus stammt im Kern noch aus dem 9. Jahrhundert (k)

St. Gallus zählt zu den herausragenden Kirchen in der Region. Sie ist eine der ältesten, nicht nur im heutigen Landkreis Weißenburg-Gunzenhausen, sondern wohl weit darüber hinaus in Süddeutschland. Das Kirchenpatronat geht auf das Kloster St. Gallen zurück, das durch eine Schenkung im Jahre 802 zu umfangreichen Besitzungen u.a. in Pappenheim gelangt war. Vermutlich noch im 9. Jahrhundert entstand im Auftrag der St. Gallener Abtei eine einschiffige Saalkirche, die als Pfarrkirche diente.

Evang.-Luth. Kirche St. Gallus

Für die Zeit um 1060 ist eine Kirchenweihe bezeugt. Ebenfalls im 11. Jahrhundert erhielt St. Gallus einen Kirchturm, und der Gemeinderaum wurde mit Seitenschiffen zur Basilika erweitert. „Als Chor diente zu dieser Zeit wohl noch eine halbrunde Apsis. Im 13. Jahrhundert vergrößerte man die Öffnungen zu den Seitenschiffen. Chor, südliche Seitenkapelle, Turmobergeschoß und Sakristei entstanden im 15. Jahrhundert; fraglich bleibt, in welchem Zeitraum dies vor der Fertigstellung des 1486 bezeichneten Sakramentshauses geschah." (Denkmalliste)
Im 15. Jahrhundert hat man die in der Stadtmitte neu errichtete Marienkirche als Pfarrkirche genutzt und die St. Galluskirche zur Friedhofskirche umfunktioniert. 1953 konnten bei einer Restaurierung Malereien an der Chorsüdwand und im Südschiff aus dem 13. und 14. Jahrhundert freigelegt und drei gotische Fenster, ebenfalls in der Südwand, wieder geöffnet werden. Auch die Kanzel aus der Zeit um 1700 wurde bei dieser Gelegenheit entfernt. Seither ist der mittelalterliche Raumeindruck wieder wahrnehmbar.

St. Gallus in Pappenheim (k)

„Dieser Eindruck wird bereits am schlichten Äußeren spürbar, wo die Fenster unterschiedlichste Formen zeigen und insgesamt recht ungeordnet über den Baukörper verteilt sind. Prägend für die Gesamterscheinung ist das gemeinsame Dach über Langhaus und Chor. (…) Der im 16. Jahrhundert über drei älteren Geschossen neu errichtete, etwas zurückspringende Turmhelm mit einem auf 1525 datierbaren Fachwerk besitzt in seiner Ausführung mit steilem Satteldach in der Region kaum Vergleichsbeispiele.“ (Denkmalliste)
Der spätgotische Flügelaltar im Chorraum, etwa 1520 von einem heimischen Meister gefertigt, birgt in seinem reich mit Rankenwerk geschmückten Mittelschrein die Figur Mariens auf der Mondsichel mit dem Christuskind. Seitlich stehen die Figuren der hl. Katharina und der hl. Barbara. „Die Flügel zeigen im geöffneten Zustand Reliefs, links die Verkündigung Mariens und die Geburt Christi, rechts die Heimsuchung und den Tod Mariens. Die Flügelaußenseiten tragen Malereien, links die hl. Katharina im Disput mit den Philosophen und ihre Enthauptung; rechts die Einkerkerung der hl. Barbara im Turm und ihre Enthauptung. Die Predellaflügel sind außen mit Brustbildern der hll. Walburga und Ottilie sowie dem von Engeln gehaltenen Wappen der Reichs-

erbmarschälle von Pappenheim bemalt, im geöffneten Zustand sind die Reliefs von Christus und den zwölf Aposteln zu sehen.“ (Denkmalliste)

Das steinerne, sechs Meter hohe Sakramentshaus im Chor stammt aus dem Jahre 1486. Das zweiseitig spitz in den Raum ragende Gehäuse lagert auf einer gewundenen Säule.

Im Mittelteil sind Engelsfiguren mit Schriftbändern zu sehen. Der Auszug, ein von Fialen flankierter Baldachin, zeigt die Figur Christi in der Darstellung des Schmerzensmanns.

Das Gestühl im Chor und in der Seitenkapelle stammt noch aus der Zeit um 1500. An den Seitenwangen befinden sich neben einem aufwendig geschnitzten Rankenwerk auch figürliche Darstellungen, darunter eine sehenswerte Drachenfigur.

Linke und rechte Seite: An der Südseite von Sankt Gallus befinden sich zu beiden Seiten des Portals sehenswerte Epitaphien, z.T. aus spätgotischer Zeit. (s)

Reste einer Ausmalung fanden sich an mehreren Stellen. Das ikonographische Programm der wieder freigelegten Wandmalereien beinhaltet „an der Westwand die Darstellung des Schmerzensmanns und an der Südseite eine Verkündigungsszene. Die beiden Wandbilder zeigen bevorzugt Blau- und Rottöne, den Motiven entsprechend dominieren Einzelfiguren in den Bildfeldern. In der südlichen Schildbogenfläche des Chorjochs ist auf einem Fresko aus dem späten 15. Jahrhundert das Jüngste Gericht wiedergegeben. In der Komposition wird auf gängige Darstellungstypen

zurückgegriffen, die Ausbildung der vielzähligen Figuren bleibt stark in einer einfachen Linearität verhaftet. (…) Spätgotische Steinarbeiten finden sich an den Außenwänden der Kirche, so an der Südseite neben dem Portal ein Weihwasserstein mit einem darüber gearbeiteten Grabstein von 1505 und an der Chornordseite eine Ölbergsszene. " (Denkmalliste)

An den Wänden der Friedhofsmauern und auch an der Kirche sind verschiedene Grabsteine vorwiegend des 17. und 18. Jahrhunderts erhalten geblieben. Die größtenteils rechteckigen Kalkplatten tragen auch figürliche Darstellungen.

Rechte Spalte: Chor der Augustiner-Eremiten-Klosterkirche in Pappenheim (k)

Augustiner-Eremiten-Klosterkirche Zum Hl. Geist

Das Augustinerkloster, nördlich unterhalb der Burg an der Klostergasse gelegen, geht auf eine Stiftung Heinrichs von Pappenheim und seiner Gemahlin im Jahre 1372 zurück. Zuvor stand hier ca. 100 Jahre lang eine Heilig-Geist-Kapelle. Die Klosterkirche wurde ebenfalls im spä-

Einheitlich barock ist die Innenausstattung der Augustiner-Eremiten-Klosterkirche Pappenheims (Riesner)

ten 14. Jahrhundert erbaut. Im Verlauf des 15. Jahrhunderts hat man aus Platzgründen das Langhaus nach Süden hin erweitert und erhöht. Letzteres geschah wohl im Jahre 1493, wie Baudaten an Fenstern der Südseite belegen. Auch der Chor erhielt um diese Zeit sein noch heute beeindruckendes Sterngewölbe. 1674 begann man damit, das Kircheninnere im Stil des Barocks umzugestalten. Nachdem von der gräflichen Familie eine neue Gruft angelegt worden war, wurde die ehemalige Klosterkirche ab 1700 die Familienkirche und Grablege der Pappenheimer Herrschaft. Das ist wohl einer der Gründe dafür, dass bis heute die einheiltich barocke Innenausstattung erhalten blieb, auch wenn nochmals in den Jahren von 1989 bis 1998 eine umfassende Restaurierung durchgeführt wurde. „In seinen beiden Raumteilen ist der Kirchenraum durch die barocke Umgestaltung und die dabei erzielte Kontrastwirkung zwischen der weißen Raumhülle und der in dunklen Holztönen gehaltenen Ausstattung geprägt. (...) Neben den Grabplatten und Epitaphien für Familienmitglieder der Reichserbmarschälle existieren auch Steine für Klosterangehörige. Große Holzepitaphien mit bildlichen Darstellungen gibt es für Christoph Ulrich von Pap-

penheim († 1599, Epitaph von 1601) und dessen erste Gemahlin Cäcilia († 1587). Das großflächige Bild auf dem Epitaph eines katholischen Reichserbmarschalls Karl Philipp Gustav († 1692), zeigt den hl. Franziskus zusammen mit anderen Heiligen vor der Dreifaltigkeit. Ebenfalls der Erinnerung an verstorbene Pappenheimer dienen Totenschilde an der Chornordwand." (Denkmalliste) – Überall in der Kirche gegenwärtig ist auch das Wappen der Herrschaft: an der Emporenbrüstung, auf dem Schalldeckel der Kanzel und zentral in der Spiegeldecke im Langhaus, hier gerahmt von Stuckwerk mit Bändern und Akanthusranken.
Die Kirche ist in Privatbesitz und kann nur bei öffentlichen Führungen besichtigt werden.

„Weidenkirche"

Am Himmelfahrtstag 2007 wurde die Weidenkirche am viel befahrenen Altmühltal-Radweg, der gleichzeitig Fußweg zum Bahnhof ist, geweiht. Die Evangelische Landjugend in Bayern hatte in mehreren Arbeitseinsätzen ein Metallgerüst aufgestellt, mit Sisal umwickelt und 300 Weidensetzlinge an diese Rankhilfe gepflanzt.
Im Gegensatz zu solchen Anlagen auf Gartenschauen soll das Pappenheimer Freiluft-Gotteshaus nicht nur eine kurze Lebensdauer haben. So können die „lebendigen Wände" in Ruhe weiter wachsen. Außer zu gelegentlichen Gottesdiensten (mit Bestuhlung) lädt diese Kirche auch zu Atempausen im Alltag oder Urlaub ein; der Altartisch – ein Block aus Juramarmor – bietet dazu Gebetsvorschläge. (k)

Burg Pappenheim, am linken Bildrand der Bergfried (k)

Ehemalige Burgkapelle

Bezeugt ist ein Sakralbau auf Burg Pappenheim erstmals für die Jahre zwischen 1171 und 1182, in denen die Weihe der Burgkapelle unter dem Eichstätter Bischof Egilolf stattgefunden hat. Als Sitz der Reichserbmarschälle lässt sich die Burg frühestens ab 1214 nachweisen. Bereits im 13. Jahrhundert kam es infolge von militärischen Auseinandersetzungen zu erheblichen Zerstörungen der Anlage, bevor Heinrich von Pappenheim im Jahre 1280 damit begann, die Burg auszubauen. Im Dreißigjährigen- und im Spanischen Erbfolgekrieg (1618–1648 bzw.

Die heutige Kapelle befindet sich neben dem Burgeingang. Hier werden nicht nur Festgottesdienste abgehalten, sondern auch Hochzeiten – unter 365 beleuchteten Sternen. (k)

„Pappenheimer Engel“: Gewölbekonsole aus Jurakalkstein aus dem letzten Viertel des 15. Jahrhunderts; gefunden nahe der Ruine der Burgkapelle auf Burg Pappenheim, heute als Exponat im Burgmuseum. (Spoerl)

1703/04) kam es jedoch wieder zu erheblichen Beschädigungen, so dass die Burg zur Ruine verfiel. Im 19. Jahrthundert wurde der Ruinencharakter unter romantischen Gesichtspunkten bewusst verstärkt. Die Burgkapelle gehörte stets zum zentralen Burgbereich, neben Palas, Bergfried und weiteren Wohnbauten. Sie befindet sich über der Durchfahrt in den inneren Hof. „Aufgrund ihres Doppelpatroziniums St. Georg und St. Blasius und der erkennbaren Mauerreste hat sie vor allem Wilhelm Kraft als Doppelkapelle gedeutet. Ein unteres Geschoß war zweischiffig geteilt, besaß jedoch eine verhältnismäßig niedrige Raumhöhe. Darüber ist in der östlichen Außenwand eine halbrunde Apsis mit Kalotte erkennbar. Die neuere Forschung vermutet, daß sich in dem unteren, relativ feuersicheren Raum das sogenannte „gemeine Gewölb“ zur Aufbewahrung von Urkunden, Dokumenten etc. befand, während sich die Kapelle allein auf den oberen Bereich beschränkt hat. Nordöstlich schließen sich Reste des Palas an die Kapelle an.“ (Denkmalliste)

Heute sind von der Burgkapelle nur noch Mauerreste vorhanden, die im Rahmen eines Rundgangs z.T. begehbar sind.

KATH. PFARREI
Pfarramt Pappenheim
Schützenstr. 4, Tel. 433
pappenheim@bistum-eichstaett.de
www.pappenheim-kath.de
Pfarrkirche Mariä Himmelfahrt
Schützenstr.
tagsüber geöffnet
Kuratie Solnhofen (St. Sola)
Gebetsraum Langenaltheim
Info Kath. Dekanat WUG
Pfarrverband Treuchtlingen-Pappenheim

Linke und rechte Seite: katholische Pfarrkirche in Pappenheim (k)

Kath. Pfarrkirche Mariä Himmelfahrt

Die katholische Pfarrkirche in Pappenheim ist in den Jahren 1886 bis 1888 einheitlich im neuromanischen Stil nach Plänen von Friedrich Niedermayer erbaut und entsprechend ausgestattet worden. Der Rundbogenfries am Dachansatz und die doppelbögigen Schallöffnungen am Turm sind unübersehbare Indizien für die Anlehnung an den Stil der Romanik. Der Chor befindet sich in einer halbrunden Apsis im Süden, was vermutlich aus städtebaulichen Gründen (Ausrichtung der Hauptfassade nach Norden zur Stadt hin) erfolgte. Auf den ersten Blick fällt im Kirchenin-

nern die üppige Ausmalung der Wandflächen ins Auge. „Die in Kalkfreskotechnik ausgeführten figürlichen Darstellungen schuf Josef Lang, München. Ergänzend und rahmend tritt eine mit Schablonentechnik ausgeführte Ornamentik hinzu, die beinahe die gesamte Wandfläche überzieht. Ähnlich wie die Architektur romanischen Vorgaben folgt, ohne dabei konkret auf ein spezielles Vorbild zurückzugreifen, orientiert sich die Ausmalung an byzantinischen und mittelalterlichen Malereien. Auch hier kann kein konkretes Vorbild angegeben werden, vielmehr ergibt sich aus angenäherten Stilzitaten eine spezifisch komponierte Neugestaltung. Die Darstellungen folgen dabei einem in sich geschlossenen ikonographischen Programm, dem auch die ursprünglichen Altäre und Glasmalereien untergeordnet waren. Den zentralen Ausrichtungspunkt dieses Programms nimmt in der Apsiskonche der Pantokrator in der Mandorla ein, deeisartig flankiert von Maria und Johannes dem Täufer. Auf Fensterhöhe sind die vier lateinischen Kirchenväter und seitlich die hll. Franziskus und Leopold wiedergegeben. Darunter füllt ein etwas schematisch gemalter Teppich die Apsismauer aus. Die Mittelschiffswände über den Pfeilerarkaden sind durch zwei übereinander stehende Bildfriese gegliedert: im oberen Bereich zwischen den Obergadenfenstern Heilige, darunter abwechselnd Rundmedaillons mit marienbezogenen

Im Chor der Pappenheimer Pfarrkirche Mariae Himmelfahrt beeindruckt ein sehenswertes ikonographisches Programm. (k)

Inschriften und von Vierpässen begrenzte Darstellungen aus der Marien- und Christusvita. An den Stirnseiten der Seitenschiffe sind der Tod Mariens und Josefs dargestellt, die ursprünglich darunter aufgestellten Seitenaltäre haben sich nicht erhalten. Die Wandmalerei ergänzend zeigen die originalen Glasfenster in der Apsis die Verkündigungsszene, die Marienkrönung und die Geburt Christi. Das heute hinter dem Altar aufgestellte neugotische Retabel gehört zwar nicht zur originalen Ausstattung, paßt sich mit den Figuren der hll. Franziskus und Leopold aber recht gut in das ikonographische Programm ein.“ (Denkmalliste)

PFLAUMFELD
Ortsteil der Stadt Gunzenhausen; T 09831 PLZ 91710

EVANG.-LUTH. GEMEINDE
Pfarramt Aha, Haus Nr. 165
Tel. 3160
St. Laurentius
Info Evang.-Luth.
Dekanat GUN

Evang.-Luth. Kirche St. Laurentius

Das nach außen schlicht wirkende Gotteshaus birgt im Innern eine homogene Einrichtung, mit

St. Laurentius in Pflaumfeld (s)

der die spätmittelalterliche Chorturmkirche in den Jahren 1853 und 1854 ausgestattet wurde.

Der Pflaumfelder Altar stammt aus der Kirche in Wald und wurde in den 80er Jahren des 20. Jahrhunderts in Pflaumfeld aufgestellt. Das Altarbild ist neu. (b)

Einzige Ausnahme ist der bereits 1725 aus Wald erworbene Altar, der bei einer Renovierung in den 1980er Jahren in Pflaumfeld aufgestellt wurde. Bei dieser Gelegenheit wurde ein neues Altarbild eingesetzt. „Der von dem Ansbacher Bildhauer Herterich geschaffene Altar des 19. Jahrhunderts befindet sich heute im ehemaligen Pfarrhaus.“ (Denkmalliste) Die Dekoration der Emporenbrüstungen, die schön gearbeitete Kanzel mit ihrem markanten Schalldeckel und die Orgel auf der Westempore bilden ein stimmiges Ambiente.

PFOFELD

Gemeinde
T 09834 PLZ 91738

EVANG.-LUTH. GEMEINDE
Pfarramt Pfofeld
Kirchenbuck 4, Tel. 201
Pfarramt-Pfofeld@gmx.de
Kirche St. Michael
Kirchenbuck
tagsüber geöffnet
Ruine zum Hl. Kreuz
weitere Kirche: Thannhausen
(St. Bartholomäus)
Info Evang.-Luth.
Dekanat GUN

Evang.-Luth. Kirche St. Michael

St. Michael in Pfofeld gilt als eine der ältesten Kirchen im Landkreis Weißenburg-Gunzen-

St. Michael in Pfofeld (b)

Die Pfofelder Michaelskirche ist wegen ihrer wertvollen Wandmalereien bekannt. (b)

hausen. Sie ist romanisch und wurde, folgt man den Angaben einer fragmentarisch erhaltenen Inschrift neben dem Südportal, von Bischof Otto von Bamberg zwischen den Jahren 1125 und 1139 errichtet. Nach neuesten Forschungen des Historikers Dr. Heinrich Wagner hat die Weiheinschrift folgenden Inhalt: „Im Jahre der Fleischwerdung des Herrn 1134, am 1. November, ist diese Kirche von dem verehrungswürdigen Bischof Otto von Bamberg konsekriert worden mit Einwilligung Gebe-

Oben: Abbildung des Erzengels Michael als Seelenwäger an der nördlichen Chorwand der Pfofelder Kirche (b); darunter: romanische Weiheinschrift an der Außenwand nahe des Südportals (s)

hards und in demselben Jahr von Gebehard, dem Herrn Diözesanbischof, zu Ehren der hl. Maria, des hl. Michael und aller Schutzengel, Petrus und Paulus und aller Apostel, der heiligen Märtyrer Fabian und Sebastian und der heiligen Mönche Maurus, Willibald und Wunibald [zu ergänzen: „geweiht worden"], so Heinrich Wagner und Siglinde Buchner in ihrer 2008 in „Alt-Gunzenhausen" erschienenen Arbeit „Die romanische Weiheinschrift an der Pfofelder Pfarrkirche St. Michael".

Als Besonderheit gelten die nach dem Zweiten Weltkrieg freigelegten Wandfresken im Chor und im Langhaus, die wohl um die Mitte des 15. Jahrhunderts aufgemalt wurden. „Die spätgotischen Malereien prägen das Erscheinungsbild des eingezogenen, flachgedeckten Chorraumes. In der Apsiswölbung sind die vier Evangelistensymbole um das Christuslamm angeordnet, an der Stirnwand über der Apsisöffnung die Verkündigung Mariens, darunter zwei kniende Stifterfiguren. Die nördliche Chorwand zeigt im oberen Register den Erzengel Michael und seitlich die hll. Helena und Apollonia, darunter rechts die Arma Christi, daneben ein Apostelkreuz mit Engel. An der Südwand sind das Martyrium des hl. Sebastian und andere Heilige wie Ursula, Erasmus und Agnes (?) dargestellt. Auch die Rückseite des Chorbogens ist bemalt, neben Greifen sind die hll. Oswald und Mauritius wiedergegeben. Die Einzelszenen der Chorgemälde werden von ornamentierten Streifen unterteilt, teilweise bezeichnen Inschriften die Heiligen. Über den – heute an der Nordseite vermauerten – Fenstern der Chorseitenwände sind gotische Maßwerkabschlüsse mit Krabben und Kreuz-

Auch die Pfofelder Michaelskirche wurde im 18. Jahrhundert dem Stil der Zeit, d.h. dem Barock, angepasst. (b)

blumen angedeutet. An der Südwand des Langhauses erstreckt sich ein Bildstreifen mit jeweils fünf klugen und törichten Jungfrauen, unterteilt durch Weihekreuze. Nicht genau bestimmbare Malereireste, wohl christologische Szenen, finden sich an der Nordwand auf Höhe der vermauerten romanischen Fenster.“ (Denkmalliste) Ansonsten hat die Barockisierung im 18. Jahrhundert ihre Spuren hinterlassen. So stammt der Torbau an der Südseite der

Kirche aus dem Jahre 1722; Altar, Kanzel und Orgel wurden 1753 gefertigt; in dieser Zeit entstand das Kruzifix an der Südwand im Langhaus, und der Turm erhielt sein polygonales Obergeschoss im Jahre 1793. Am Altar und am Orgelprospekt ist das brandenburgisch-ansbachische Wappen angebracht worden.

Die Heilig-Kreuz-Ruine in der Flur nahe Pfofeld (s)

Ruine zum Hl. Kreuz

An der Straße zwischen Pfofeld und Dornhausen erhebt sich die Ruine der ehemaligen Hl.-Kreuz-Kapelle auf freiem Feld. Es handelt sich dabei um eine

„eichstättische Gründung des späten 13. oder frühen 14. Jahrhunderts (1327?)“ (Denkmalliste). Der Verfall der Kapelle dürfte bereits mit der Reformation eingesetzt haben, da sie spätestens seitdem nicht mehr benutzt worden war. Zerstört wurde sie vermutlich im Dreißigjährigen Krieg. Die noch bis auf eine Höhe von 3 Meter erhaltenen Grundmauern, Reste des Chorbaus und ein spitzbogiges Portal an einer der Längsseiten sind sehenswert.

PFRAUNFELD
Ortsteil der Gemeinde Burgsalach
T 09147 PLZ 91790

KATH. PFARREI

Pfarramt Raitenbuch,
Nennslinger Str. 6, Tel. 300
raitenbuch@bistum-eichstaett.de
Pfarrkirche St. Nikolaus,
Dorfstraße
tagsüber geöffnet
Filialkirche Nennslingen
(Mariä Namen)
Info Kath. Dekanat WUG
Pfarreienverbund WUG

Kath. Pfarrkirche St. Nikolaus

In den Jahren 1910 und 1911 wurde die Pfraunfelder Kirche neben der abgetragenen Vorgängerkirche im Friedhof neu erbaut. „In der Gestaltung der Kirche erscheinen neben Anklängen an den Neubarock und Neuklassizismus auch moder-

Linke und rechte Seite: die kath. Pfarrkirche in Pfraunfeld aus dem frühen 20. Jahrhundert

nere, zeitgenössische Formgebungen mit Orientierung am Heimatstil." (Denkmalliste)
Auffällig ist bereits von außen der halbrunde Chorbau mit seiner gliedernden Wandornamentik. Im Inneren überraschen die Höhe und Weite des saalartigen Langhauses, das von einer weiten Tonne überdacht wird. Im lichtdurchfluteten, mit Stuckbändern dekorierten Chorraum erhebt sich der Hauptaltar, daneben barocke Tragstangen mit dem hl. Sebastian und der hl. Familie. Den Altar beherrscht der Tabernakelaufbau, über dem sich ein barocker Christus befindet.
„In den Aufbauten der nachträglich aufgestellten Seitenaltäre, an denen sich Stilzitate des Neurokoko bis Neuklassizismus mischen, wurden ältere Bildwerke integriert: rechts eine noch spätgotisch gehaltene Muttergottes mit segnendem Jesuskind vom Beginn des 16. Jahrhunderts und die Figuren des hl. Willibald und der hl. Walburga, Anfang des 18. Jahrhunderts geschaffen durch die Handschuher-Schule in Eichstätt; links die Büsten des hl. Nikolaus und des hl. Benno aus dem frühen 17. Jahrhundert." (Denkmalliste)

PLEINFELD
Marktgemeinde
T. 09144 PLZ 91785

KATH. PFARREI
Pfarramt Pleinfeld, Pfarrgasse 2, Tel. 321; pleinfeld@bistum-eichstaett.de
Pfarrkirche St. Nikolaus tagsüber geöffnet
Filialkirche Mischelbach (St. Otto); Filialkirche Allmannsdorf; (St. Laurentius)
Dorfkapelle Hohenweiler (Herz Jesu); Dorfkapelle Kleinweingarten (Mariä Himmelfahrt)
Mannholz (Dorfkapelle St. Marien)
Infos Kath. Dekanat WUG
Pfarreienverbund WUG

Kath. Pfarrkirche St. Nikolaus

Entscheidende Umbauten in den Jahren 1931 und 1932, als Folge nur halbherziger Umbaumaßnahmen im 18. und 19. Jahrhundert erforderlich geworden, lassen von der usrprünglich romanischen Kirche (wohl zwischen 1183 und 1196 unter dem Eichstätter Bischof Otto geweiht) kaum noch Spuren erkennen. „Die ursprünglichen Reste der mittelalterlichen und barocken Kirche finden sich heute am südlichen Eingangsbereich der Erweiterung von 1931/34. Der mittelalterliche Bau besaß ein einschiffiges Langhaus, der Turm war zwischen der östlichen Apsis und dem Langhaus eingefügt. Bei der barocken Umgestaltung wurde die alte Apsis abgetragen und im unteren Turmgeschoß ein gerade geschlossener Chorraum eingebaut. An beiden Längsseiten er-

weiterte man das Langhaus mit je drei Seitenkapellen, wobei die jeweils mittlere etwas breiter und höher errichtet wurde. Diese Querachse der mittleren Seitenkapellen griff man bei der Erweiterung des 20. Jahrhunderts auf und führte sie nach Norden als neues Langhaus fort. Das alte, geostete Langhaus wirkt nun wie eine Art Querschiff am neuen, basilikal geformten Kirchenraum." (Denkmalliste)
Die Innenausstattung stammt noch aus der Zeit des Barocks. Der filigran gestaltete Hochaltar aus der Zeit um 1700 kommt an der Nordwand nur bedingt zur Geltung, da die beiden Seitenaltäre (um 1690) doch sehr dominant wirken. Die Kanzel (um 1750), der Taufstein (1692) und das Weihwasserbecken (um 1700) gehören ebenso zu den sehenswerten Ausstattungsstücken wie das Kruzifix mit der Figur der Magdalena (um 1700) und die beiden zusätzlichen Rokokoaltäre.

Linke und rechte Seite: kath. Pfarrkirche in Pleinfeld (k, s)

St. Petruskirche in Pleinfeld (s)

EVANG.-LUTH. GEMEINDE
Pfarramt Pleinfeld, Bürgermeister-Fichtner Str. 1
Tel. 8452, Kirche St. Petrus täglich geöffnet; Info Evang.-Luth. Dekanat WUG

Evang.-Luth. Kirche St. Petrus

Im neugotischen Stil wurde St. Petrus in den Jahren 1883 und 1884 neu errichtet. „Die Grundsteinlegung konnte 1883 erfolgen, nachdem die Kirchengemeinde von der Marktverwaltung den Grund geschenkt erhalten hatte. Der ‚königliche Bahnmeister‘ Peter Schmidt sorgte für Entwurf und Bauleitung. Die 1884 fertiggestellte Kirche zeigt einen vierachsigen Rechteckraum mit fünfseitig geschlossenem Chor und Westturm mit Eingangsbereich im unteren Geschoß. Am neugotisch orientierten Baukörper gliedern Lisenen und Wandvorlagen die Wandflächen, das Maßwerk der Spitzbogenfenster wurde aus Metall geformt.“ (Denkmalliste)

POLSINGEN
Gemeinde, T 09093 PLZ 91805

EVANG.-LUTH. PFARREI
Pfarramt Polsingen, Raiffeisenstrasse 6, Tel. 1027
Kirche St. Nikolaus, Raiffeisenstraße; Kirche Zum Guten Hirten der Polsinger Heime; Infos Evang.-Luth. Dekanat HDH

Evang.-Luth. Kirche St. Nikolaus

Auch die evangelische Kirchenbaukunst hat im Hahnenkamm

Linke Seite unten und rechte Seite: St. Nikolaus in Polsingen (k)

Akzente gesetzt. Die Pfarrkirche St. Nikolaus in Polsingen ist die erste evangelische Kirche, die in der Region gebaut wurde. Hans Sigmund von Wöllwarth ließ sie 1595/96 an Stelle eines Vorgängerbaus aus der Zeit um 1400 errichten. Sie unterscheidet sich praktisch nicht von den herkömmlichen vorreformatorischen Kirchenräumen. „Größere Eingriffe im Erscheinungsbild des Innenraumes brachte eine Instandsetzung von 1960/61, bei der man den ehemaligen von Wöllwarth'schen Herrschaftsstand an der Nordseite des Kirchenschiffs und die Kanzel an der Südseite entfernte sowie die Empore mit der Orgel erneuerte. Bei einer späteren Instandsetzung 1987 wurde u. a. die Kanzel wieder an alter Stelle errichtet." (Denkmalliste) Bemerkenswert ist der Altar mit dem mächtigen, lebensgroßen Kruzifix in Jurakalkstein aus der Erbauungszeit. Die Barockkanzel ist mit sehenswerten Holzintarsien geschmückt. Auch das Gestühl im Langhaus wirkt durch seine „schön gearbeiteten Wangen mit Rollwerkdekoration" (Denkmalliste) sehr ansehnlich. Heute erinnern nur noch einige Grabsteine und Epitaphien an den Außenwänden und auf dem Friedhof an die Mitglieder der Familie von Wöllwarth.

Wöllwarth-Wappen am Pfarrhaus (k)

Evang.-Luth. Kirche Zum Guten Hirten

Beachtenswert ist in Polsingen auch die 1966 errichtete Zeltdachkirche „Zum Guten Hirten“, die als Anstaltskirche dient. 1865 wurde im ehem. v. Wöllwarth'schen Wasserschloss auf Veranlassung Wilhelm Löhes ein Pflegeheim eingerichtet, „die hierfür notwendigen Um-

Die Kirche der Polsinger Heime (k)

bauten hatten jedoch zur Folge, daß das Schloß nur mehr wenig ursprüngliche Ausstattung und architektonische Detailformen aufweisen kann“ (Denkmalliste).

RAITENBUCH
Gemeinde
T 09147 PLZ 91790

KATH. PFARREI
Pfarramt Raitenbuch Nennslinger Str. 6, Tel. 300
raitenbuch@bistum-eichstaett.de
Pfarrkirche St. Blasius, Nennslinger Straße 3, tagsüber geöffnet
Expositur Biburg (St. Clemens)
Filialkirche Bechthal (St. Margareta)
Filialkirche Gersdorf (St. Nikolaus)
Kapelle Gersdorf im Haus St. Antonius
Filialkirche Reuth am Wald (St. Pantaleon)
Filialkirche St. Aegidi (St. Egidius)
Filialkirche Stadelhofen (St. Antionius)
Info Kath. Dekanat WUG
Pfarreienverbund WUG

Oben: Raitenbucher Pfarrkirche (s)

Kath. Pfarrkirche St. Blasius

Nur noch die unteren Geschosse des Turmes stammen von der Vorgängerkirche aus dem Mittelalter. Der obere Teil des Turms wurde in den Jahren von 1889 bis 1897 aufgesetzt, als auch das alte Langhaus durch einen Neubau ersetzt wurde, für den Friedrich Niedermayer die Pläne lieferte. Der Fries mit Spitzbögen am Langhaus und Kleeblattbögen am Turm

deutet an, dass man sich bei dem Neubau am neugotischen Geschmack der Zeit orientierte. Dem enspricht auch das Erscheinungsbild im Inneren. Wie drei gotische Kirchturmspitzen ragen die drei Altäre in dem geräumigen Saalbau empor. Sie tragen kostbare Schnitzarbeiten: Am Hochaltar wurden die Figuren des sitzenden Christus mit den zwölf Aposteln postiert, eine Schöpfung aus spätgotischer Zeit (1470/80), und am rechten Seitenaltar erwartet die Kirchenbesucher eine wertvolle Marienfigur, die sog. „Raitenbucher Madonna", die 1811 aus der Nennslinger Kirche hierher gebracht wurde und die in etwa aus derselben Zeit stammt. Ihr hat die Raitenbucher Kirche ihren Ruf als Wallfahrtskirche zu verdanken. (s. Kasten).

Oben: Innenausstattung im Stil der Neugotik. Nächste Seite (Kasten): die Raitenbucher Madonna und Votivkerzen der Wallfahrer heute (s)

Zwischenstation Sakristeischrank

Die heute in der Pfarr- und Wallfahrtskirche in Raitenbuch im rechten Seitenaltar stehende sog. „Raitenbucher Madonna" ist vielbesuchtes Wallfahrtsziel für die katholischen Christen auf dem Jura und darüber hinaus. Dabei ist die Wallfahrt noch keine 200 Jahre alt. Das Gnadenbild freilich ist viel älter. Die „Raitenbucher Madonna", die um 1480 ein begnadeter Künstler schuf, stand ursprünglich, in vorreformatorischer Zeit, im Hochaltar der Pfarrkirche Beatae Mariae Virginis im benachbarten Nennslingen. Die Votivgaben lassen vermuten, dass die Gläubigen ihr Wundertätigkeit zusprachen.
Nach dem Einzug der Reformation in Nennslingen riss der Pilgerstrom keineswegs ab.

Aber den Kirchenoberen missfiel dies. Man wollte dem Glauben gehorsam sein, sich aber gleichwohl von der Madonna nicht trennen. So verfiel man auf die Idee, die Madonna in einen Sakristeischrank zu sperren und dem Mesner zu gestatten, den Schrank zu öffnen und die Madonna den Pilgern zu zeigen, wenn diese darum baten und einen angemessenen Obulus entrichteten. Im Jahr 1811 verkauften die Nennslinger mehrere Schnitzwerke ihrer Kirchenausstattung, darunter auch ihre Madonna, an die katholische Pfarrei Raitenbuch. Seitdem ist Raitenbuch ein vielbesuchter Wallfahrtsort, während die Nennslinger sich mit dem Kirchenpatrozinium Beatae Mariae Virginis begnügen müssen.

Flankiert wird sie von den Figuren der hll. Joachim und Anna selbdritt. Am linken Seitenaltar befinden sich die Skulpturen des hl. Erhard (ca. 1480) und des hl. Erasmus (ca. 1520). Kanzel und Glasmalereien stammen wiederum aus neugotischer Zeit. Auf dem Friedhof erinnert ein aufwendig gestalteter Grabstein aus dem Jahre 1587 an die Familie der Schenken von Geyern und Syburg.

RAMSBERG
Ortsteil der Marktgemeinde
Pleinfeld; T 09144 PLZ 91785

KATH. FILIALGEMEINDE
Pfarramt Pleinfeld,
Pfarrgasse 2, Tel. 321
pleinfeld@bistum-eichstaett.de
Filialkirche St. Josef
Obere Dorfstraße
Info Kath. Dekanat WUG
Pfarreienverbund WUG

Kath. Filialkirche St. Josef

1887/88 wurde die Ramsberger Kirche anstelle einer Vorgängerkapelle aus dem Jahre 1723 nach einem Plan des Bezirksbaumeisters Gutmann aus Weißenburg im Stil der Neuromanik errichtet. Den Altar hierfür erhielten die Ramsberger aus Wasserzell bei Spalt. „Sein zweisäuliger Aufbau ist etwa 1766 entstanden, das Altarbild mit der Steinigung des hl. Stephanus stammt von dem Eichstätter Hofmaler Johann Michael Franz, wurde jedoch überarbeitet. Die Marienfigur mit Jesuskind an der Stirnwand des Langhauses ist möglicherweise eine Nürnberger Arbeit um 1480." (Denkmalliste)

St. Josef in Ramsberg (b)

Die ***„Bergkapelle St. Jakobus"*** *über dem Brombachsee wurde im Jahr 2000 ökumenisch geweiht. Geschaffen hat sie der Münchner Architakt Matthias Overbeck. Die Gestaltung führte Töpfermeister Uwe Maier aus Gunzenhausen aus: eine Kreuzikone und ein Jakobspilger. Am schmiedeeisernen Gitter ist das Ökumenezeichen angebracht. (s).*

REHLINGEN
Ortsteil der Gemeinde
Langenaltheim
T 09145 PLZ 91799

EVANG.-LUTH. GEMEINDE
Pfarramt Rehlingen-Büttelbronn; Bergstr. 6, Rehlingen
Tel. 09142/3355; Kirche St. Laurentius; weitere Kirche Büttelbronn (Trinitatiskirche)
Info Evang.-Luth.
Dekanat Pappenheim

Evang.-Luth. Kirche St. Laurentius

Die schlichte Chorturmkirche stammt zu überwiegenden Teilen aus der Zeit um 1752, als man einen mittelalterlichen Vorgängerbau „über beibehaltenen Bauteilen erneuerte" (Denkmalliste).

Oben und unten: St.-Laurentius-Kirche in Rehlingen (k)

Die Inneneinrichtung stammt vorwiegend aus dieser Zeit, darunter auch die Kanzel und der Altar. Auf diesem ist heute ein Bild vom dornengekrönten Christus zu sehen, das der Maler W. Braun im Jahre 1862 angefertigt hat. Über dem Altar befindet sich das pappenheimische Wappen. Der Umbau der Empore und damit die Neuaufrichtung der Orgel über einem hohen Sockel (mit dem Prospekt aus dem Jahre 1752) erfolgten bei Renovierungsarbeiten in den Jahren von 1958 bis 1960.

REUTH AM WALD

Ortsteil von Raitenbuch
T 09147 PLZ 91790

KATH. FILIALGEMEINDE
Pfarramt Raitenbuch,
Nennslinger Str. 6, Tel. 300
raitenbuch@bistum-eichstaett.de
Filialkirche St. Pantaleon
Ortstraße, tagsüber geöffnet
Info Kath. Dekanat WUG
Pfarreienverbund WUG

Kath. Filialkirche St. Pantaleon

Nur noch die unteren Geschosse des Chorturms sind mittelalterlicher Herkunft. Sein neues Obergeschoss mit Zeltdach erhielt der Turm um 1700. In dieser Zeit erfolgten auch der Neubau des Langhauses mit rundbogigen Fenstern und Stuckdecke sowie der Einbau eines barocken Gewölbes in den Chorraum, so dass die Konsekration am 23. September 1714 vollzogen werden konnte. Auch die heutigen drei Altäre wurden damals aufgestellt. 1947 wurde das Langhaus um zwei Joche verlängert und die Kanzel entfernt.
Aus dem dritten Viertel des 17. Jahrhunderts stammt der Aufbau des Hochaltars. Auf dem Altarbild ist St. Pantaleon zu sehen, während seitlich davon zwei Bischofsfiguren, vermutlich die von Ulrich und Wolfgang stehen. „Linkes Seitenaltarblatt mit hl. Joseph und Christuskind, rechts die Heimsuchung Mariens. Einige ältere Schnitzfiguren

Oben und unten: St. Pantaleon (k)

sind erhalten, so eine spätgotische Marienfigur mit Jesuskind (1470/80) und ein hl. Pantaleon, etwa aus der Mitte des 17. Jahrhunderts." (Denkmalliste)

REUTH U. NEUHAUS

Ortsteil der Gemeinde Ettenstatt; T 09148 PLZ 91796

EVANG.-LUTH. GEMEINDE
Pfarramt Ettenstatt
An der Kirche 2, Tel. 95030;
Kirche St. Marien, Schlüssel im Pfarramt Ettenstatt; Info Evang.-Luth. Dekanat WUG

Evang.-Luth. Kirche St. Marien

Der Chorturm stammt von 1480; 1748 wurde das Langhaus erneuert und der Turm um ein achteckiges Obergeschoß

Linke und rechte Seite: St. Marien mit dem Sakramentshaus (s)

aufgestockt, wovon auch ein Inschriftenstein über dem Eingangsportal Zeugnis gibt. 1840 verlegte man den Haupteingang auf die Westseite und erneuerte die Emporen. Renovierungen im 20. Jahrhundert hatten zur Folge, „dass der Raumcharakter des 19. Jahrhunderts mit seinen Ausmalungen bei den jüngeren Renovierungen zugunsten einer neutralen Raumfassung aufgegeben wurde.“ (Denkmalliste) Den Chor überspannt ein Kreuzgewölbe.

An der Nordwand des Chorraumes hat sich neben dem Zugang zur Sakristei ein sehenswertes Sakramentshaus erhalten, das wohl um 1500 entstanden sein dürfte.

„Das zweiseitige Tabernakelgehäuse mit krabbenbesetzten Spitzbogengiebeln über den Nischenöffnungen lagert auf einem gewundenen Fuß. Der Aufbau setzt sich in einem Baldachin mit krabbenbesetztem Fialenaufsatz fort. Dort steht zwischen zwei Engeln des 19. Jahrhunderts eine spätgotische Madonnenfigur, die etwa um 1500 anzusetzen ist.“ (Denkmalliste) Die Kanzel im barocken Stil stammt aus dem Jahre 1675.

SAMMENHEIM
Ortsteil der Gemeinde
Dittenheim
T 09834 PLZ 91723

EVANG.-LUTH. GEMEINDE
Pfarramt Sammenheim,
Haus Nr. 25
Tel. 1292
Kirche St. Emmeram
weitere Kirche:
Sausenhofen (St. Michael)
Info Evang.-Luth.
Dekanat HDH

Evang.-Luth. Kirche St. Emmeram

In Sammenheim trifft man auf eine der typischen Markgrafenkirchen des protestantischen Barocks im Fürstentum Brandenburg-Ansbach. Der namhafte Hofbaumeister Johann David Steingruber sorgte in den Jahren von 1756 bis 1762 selbst für die Planung und Durchführung eines Umbaus der Kirche, von deren Vorgängerbau nur das untere Geschoss des Turmes sowie Süd- und Westwand des Langhauses übernommen wurden. „Der Turm besitzt das für Steingruber charakteristische achteckige Obergeschoß mit großer Kuppelhaube.

St. Emmeram in Sammenheim (s)

Der Innenraum mit der dreiseitig umlaufenden, im Westen ursprünglich doppelstöckigen Empore richtet sich vollständig auf den Kanzelaltar aus. Dieser ist vor der Wand, die die Turmbis zur Orgelempore vom Schiff abtrennt, aufgestellt.“ (Denkmalliste)

In einer Vertikalen befinden sich der Altar, darüber ein Bild mit der Geburt Christi, darüber

die Kanzel und oben die Orgel. Über den beiden Seitentüren links und rechts des Altars sind die beiden Figuren der reformatoren Luther und Melanchthon angebracht worden.
„Die Kirche stellt ein zwar schlichtes, aber in seiner einheitlichen Ausführung überzeugendes Beispiel einer von Steingruber entworfenen Dorfkirche der späten Markgrafenzeit dar.“ (Denkmalliste)

SANKT EGIDI
Ortsteil der Gemeinde Raitenbuch
T 09147 PLZ 91790

KATH. FILIALGEMEINDE
Pfarramt Raitenbuch
Nennslinger Str. 6, Tel. 300
raitenbuch@bistum-eichstaett.de
Filialkirche St. Ägidius
Schlüssel bei Familie Meyer, St. Egid 8
Info Kath. Dekanat WUG
Pfarreienverbund WUG

Sankt Ägidius in Sankt Egidi (k)

Kath. Filialkirche St. Ägidius

Die äußerlich schlichte Kirche von 1726 geht auf einen Vorgängerbau zurück, über den jedoch keine schriftlichen Zeugnisse vorliegen. 1976 wurde die Kirche mit dem kleinen Dachreiter letztmals renoviert, wobei das alte Legschieferdach durch ein modernes Ziegeldach ersetzt wurde. Der Innenraum ist nur spärlich ausgeschmückt worden. Einzig die Bandelwerkstukkaturen an der Westempore und über den Fenstern verleihen dem halbrund geschlossenen Saal ein wenig Glanz. „Der Altar stammt etwa von 1630–50. Die Gemälde im Altaraufbau und im Antependium zeigen den hl. Ägidius

Sankt Ägidius mit dem Altar aus der Zeit um 1630 (k)

in ähnlichen Szenen mit einem vom Pfeil getroffenen Reh. Der Aufbau ist gerahmt von zwei gewundenen Säulen und Knorpelschnitzwerk. Im Auszug flankieren ionische Säulen und Giebelstücke ein Rundrelief mit dem segnenden Gottvater.“ (Denkmalliste)

SANKT VEIT
Ortsteil der Marktgemeinde
Pleinfeld
T 09144 PLZ 91785

KATH. PFARREI
Pfarramt Pleinfeld
Pfarrgasse 2, Tel. 321
pleinfeld@bistum-eichstaett.de
Pfarrkirche St. Vitus
tagsüber geöffnet
Filialkirche Ramsberg
(St. Josef)
Filialkirche Walkerszell
(St. Johann Baptist)
Dorfkapelle Gündersbach
(St. Maria)
Info Kath. Dekanat WUG
Pfarreienverbund WUG

Kath. Pfarrkirche St. Vitus

Das Sankt Veiter Ensemble, bestehend aus der Pfarrkirche St. Vitus und dem daneben stehenden alten Schulhaus, beeindruckt durch seine architektonische Gestaltung. Geschaffen hat es der Konstanzer Baumeis-

Linke und rechte Seite: St. Vitus in Sankt Veit mit den beiden Seitenaltären (s)

ter Pickel auf Veranlassung des letzten Landkomturs der Deutschordenskommende Ellingen, Franz Sigismund Adalbert Freiherr von Lehrbach, im Jahr 1786. Repräsentativ wirkt bereits das Westportal, das aus Hausteinen gefertigt wurde und über dem sich das Wappen des Landkomturs befindet. Im Inneren überrascht der von Licht durchflutete Saalraum im klassizistischen Baustil, der in den an drei Seiten geschlossenen Chorraum übergeht. Hier erhebt sich der aus der Zeit um 1760 stammende Hochaltar mit einem hochaufragenden, viersäuligen Aufbau. Aus der Erbauungszeit der Kirche stammen die beiden Seitenaltäre, die überwiegend aus den Figuren des Ellinger Bildhauers Leonhard Meyer bestehen, der auch die Kanzel geschaffen hat.

SAUSENHOFEN
Ortsteil der Gemeinde
Dittenheim
T 09834 PLZ 91723

EVANG.-LUTH. GEMEINDE
Pfarramt Sammenheim
Haus Nr. 25
Tel.: 09833/1292
Kirche St. Michael
Infos Evang.-Luth.
Dekanat HDH

Evang.-Luth. Kirche
St. Michael

Die evangelische Pfarrkirche in Sausenhofen ist der neugotische

Nachfolgebau einer Kirche aus dem Mittelalter. Ihr Flügelaltar von 1493 ist eine Kostbarkeit spätgotischer Altarkunst. Der Schrein birgt eine Plastik des Erzengels Michael.
Die Flügelinnenseiten zeigen Gemälde mit der Verkündigung an Maria und der Taufe Christi, die zum Besten zählen, was fränkisch-schwäbische Tafelmalerei gegen 1500 geschaffen hat.
Die Predella schmücken in geschlossenem Zustand die Brustbilder des heiligen Richard, des legendären Königs von England, und seiner drei Kinder, der Heiligen Willibald, Wunibald und Walburga, dazu zweimal das Wappen des Klosters Heidenheim.

Linke Seite: St. Michael (s)
Rechte Seite: Der prachtvoll gestaltete Flügelaltar stammt vermutlich aus Heidenheim. (b)

SCHAMBACH
Ortsteil der Stadt Treuchtlingen, T 09142 PLZ 91757

EVANG.-LUTH. GEMEINDE
Pfarramt Dietfurt-Schambach
Kirchenbuck 2, Dietfurt,
Tel. 8516
Pfarramt.Dietfurt@t-online.de
Willibaldskirche, Weißenburger Straße, geöffnet:

Winterhalbjahr am Wochenende, Sommerhalbjahr täglich
Info Evang.-Luth.
Dekanat Pappenheim

Evang.-Luth. Kirche St. Willibald

Einzig der Chorturm stammt noch von der Vorgängerkirche aus dem späten 14. Jahrhundert,

und ob diese auf einen Kirchbau aus der Zeit des Kirchenheiligen Willibald zurückgeht oder der im Jahre 1074 unter dem Eichstätter Bischof Gundekar geweihte der erste Sakralbau in Schambach war, ist in der Forschung nicht geklärt. Das Langhaus der Wil-

libaldskirche wurde 1739 neu errichtet, ohne dass der daran anschließende Turm wie andernorts um ein Stockwerk erhöht wurde. Der Altar wurde 1722 gefertigt. Er trägt ein Altarbild mit der Himmelfahrt Christi aus dem 19. Jahrhundert. Die Kanzel, das wohl dekorativste Ausstattungsstück der Kirche aus dem Jahre 1701, besitzt einen oktogonalen Korpus, wo sich in den Brüstungsfeldern zwischen gewundenen Ecksäulchen Engelsköpfe und Urnen befinden. Neben dem Taufstein von 1625, der u.a. mit einfachen Puttenmasken dekoriert wurde, ist noch der kastenförmige „Bauernstand" sehenswert, der unterhalb der Westempore eingebaut wurde.

Linke und rechte Seite: Schambacher Kirche St. Willibald (k)

SOLNHOFEN

Gemeinde, T 09145 PLZ 91807

EVANG.-LUTH. GEMEINDE
Pfarramt Solnhofen,
Senefelderstr. 2, Tel. 245
pfarramt.solnhofen@t-online.de
St.-Veit-Kirche, Senefelderstr.
ab April bis Oktober tagsüber offen; Info Evang.-Luth. Dekanat Pappenheim

Evang.-Luth. Kirche St. Veit und Sola-Basilika

Durch den parkartig gestalteten Kirchhof mit alten Grabsteinen führt der linke Weg auf den 1000-jährigen Turm zu und endet auf einer Terrasse. Hier erkennt der Besucher, dass er von den Bauten einer ein-

Der Schmuck der Kapitelle

Säulen und Kapitelle der Sola-Basilika, 1. Hälfte 9. Jh. (b,)

Woher kommen die Kapitelle, die in die Sola-Basilika eingebaut sind? Der Kirchenbau wurde von Abt Hrabanus Maurus betrieben, der von 822 bis 842 der Reichsabtei Fulda vorstand. Höchstwahrscheinlich hatte Kaiser Ludwig der Fromme (814 bis 840), der Sohn und Nachfolger Karls des Großen, das Vorhaben initiiert, zumindest aber nachhaltig gefördert. Solnhofen lag im Verkehrskorridor des Altmühltals, einer der bedeutenden Ost-West-Verbindungen, und zugleich im Grenzbereich der kaiserlichen Machtsphäre gegen Baiern. Es hatte also erhebliche Bedeutung für die damalige Reichspolitik, zumal östlich davon, in Regensburg, sein rivalisierender Sohn Ludwig der Deutsche regierte, der ihm bis zu seinem Tod (840) seinen kaiserlichen Anspruch streitig zu machen versuchte. Die Errichtung der Sola-Basilika bedeutete daher für Ludwig den Frommen mehr als jeder andere Kirchenbau, er demonstrierte die Präsenz des Reiches. Hinzu kam, dass Sola, ein Verwandter und Schüler des Bonifatius, der in Fulda seine Weihen erhalten hatte, in dieser Kirche 838/839 heilig gesprochen wurde und seine letzte Ruhestätte fand.

Ludwig dem Frommen musste daher an einer anspruchsvollen künstlerischen Ausstattung der Sola-Basilika gelegen sein. Hauptschmuck waren sicherlich die Kapitelle, die aus heimischem Material an Ort und Stelle gearbeitet wurden, also keine importierten Spolien darstellten. Offenbar ließ Ludwig der Fromme künstlerisch hoch begabte Steinmetzen aus seinem Reich nach Solnhofen kommen. Den stilistischen Merkmalen zufolge besteht eine Abhängigkeit zum Formenschatz der Kunstlandschaft zwischen Toulouse und Bordeaux. Von dort könnte Ludwig Bildhauer für Solnhofen verpflichtet haben. Er hatte diese Möglichkeit, da er vor seiner Wahl zum König des Frankenreichs (814) bereits Unterkönig von Aquitanien, einer fränkischen Mark im Südwesten des Reiches, war. (Zink)

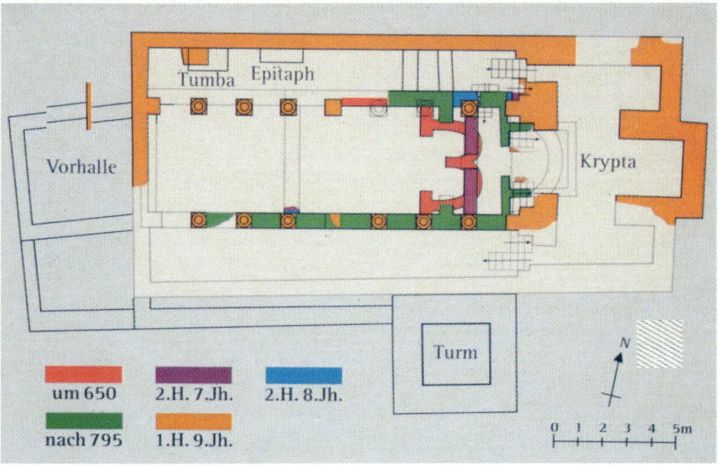

drucksvollen „Kirchenfamilie“ umgeben ist. Zu seinen Füßen und gegenüber stehen die museal konservierten Reste der Sola-Basilika, einer Kirchenanlage aus der 1. Hälfte des 9. Jahrhunderts. Gut zu erkennen ist die dreischiffige querhauslose Basilika mit erhöhtem Chor und Krypta. Das Mittelschiff zeichnet sich durch eine höchst originelle Stützenfolge, bestehend aus Wandpfeiler – drei Säulen – Mittelpfeiler – drei Säulen – Wandpfeiler, aus. Seit 200 Jahren ist die Kirche Ruine. Aufrecht steht nur noch der Westteil des nördlichen Seitenschiffs. Von den ursprünglichen zwölf Säulen sind sechs ersetzt – drei durch Nachbildungen in der nördlichen Mittelschiffswand, und drei durch Abgüsse anstelle der südlichen Mittelschiffswand. Gleichwohl lässt der heutige Zustand erahnen, dass die Sola-Basilika eine der eindrucksvollsten Kirchenbauten des frühen Mittelalters in Süddeutschland war. Und nach Expertenmeinung zählen die drei erhaltenen Kapitelle zu den

Oben: die Sola-Basilika und ihre Vorgängerkirchen auf einer Schautafel; unten: sogenanntes Sola-Medaillon (Kopie) in der Markgrafenkirche (s)

Die Markgrafenkirche in Solnhofen (k)

besten Schöpfungen karolingischer Bauplastik auf deutschem Boden (hier Abgüsse).

Die Kirche diente einem kleinen Konvent der Reichsabtei Fulda, die hier Besitz hatte. Die Errichtung des Baues wurde von dem Fuldaer Abt Hrabanus Maurus betrieben und von Kaiser Ludwig dem Frommen nachhaltig gefördert.

Im Westteil des nördlichen Seitenschiffs wurde nach dem Kirchenbau die Grabtumba des Sola errichtet.

Vier Kirchen, die älteste aus dem frühen 7. Jahrhundert, waren achsengleich mit der Sola-Basilika dieser vorausgegangen. Ihre Fundamente im östlichen Teil des Langhauses sind markiert, zeitlich bestimmt und an Ort und Stelle auf Tafeln dokumentiert.

„Nach der Reformation wurde die ehemalige Pfarrkirche St. Vitus, südöstlich der heutigen Pfarrkirche im Ort gelegen, profaniert und zwei weitere Kapellen bzw. Kirchen abgetragen. Die alte Sola-Basilika diente knapp 150 Jahre lang dem protestantischen Gemeindegottesdienst, wurde wegen Baufälligkeit jedoch aufgegeben und beim Kirchenneubau größtenteils abgetragen.“ (Denkmalliste)

Lediglich den Turm der Sola-Basilika übernahm man für die neue Kirche, und Teile der südlichen Außenwand dienten als Fundament. Nach den Plänen des Landbauinspektors Christian Karl Bruckner entstand 1783/85 eine Anlage, „die deutlich in der Tradition der Markgrafenkirchen Johann David Steingrubers steht.“ (Denkmalliste)

Anlässlich des barocken Neubaus erhielt der Turm zwei Obergeschosse und den Spitzhelm, während einige der Rundbogenöffnungen zugemauert wurden. In einem östlich des Langhauses angefügten Bau befinden sich die Sakristei und darüber die Orgelempore. Davor erhebt sich an der östlichen Stirnwand zum Langhaus hin der Kanzelaltar mit einem Bild von der Kreuzigung Christi. Den weitgehend schmucklosen Kirchenraum umlaufen an drei Seiten Emporen. Das markgräflich-ansbachische Wappen befindet sich unterhalb der Nordempore, „an der Westwand sind unter der Empore mehrere Grabsteine und eine Kopie des ‚Sola-Medaillons' eingelassen." (Denkmalliste)

KATH. KURATIE
Pfarramt Pappenheim,
Schützenstr. 4, Tel. 09143/433
pappenheim@
bistum-eichstaett.de
Kirche St. Sola, Amselleite 19
tagsüber geöffnet; Info Kath.
Dekanat WUG, Pfarrverband
Treuchtlingen-Pappenheim

Kath. Pfarrkirche St. Sola

Die katholische Kirche in Solnhofen ist ein Neubau aus den Jahren 1904 und 1905. Geplant wurde die Chorturmkirche von Friedrich Niedermayer, der als Material für den Neubau heimischen Bruchstein ausgewählt hat. Dem eher neuromanischen Stil des Außenbaus steht die neugotisch anmutende Inneneinarchitektur mit dem Rippengewölbe und den spitzbogigen Maßwerkfenstern im Chor entgegen. An der nördlichen Chorwand befindet sich ein „historisierendes Wandbild mit dem hl. Sola. (…) Deutlicher an mittelalterlichen Vorbildern orientiert sind die Büsten mit den Verweisen auf Tugenden und Weisheit in der Chorbogenlaibung. Die Chorfenster zeigen auf Glasmalereien von 1904 die Geburt Christi, die Auferstehung

St. Sola in Solnhofen (k)

und das Abendmahl. Die Fenster im flachgedeckten, einschiffigen Langhaus präsentieren die Evangelistenattribute sowie Johannes den Täufer und den hl. Bonifatius." (Denkmalliste)

SPIELBERG
Ortsteil der Marktgemeinde Gnotzheim
T 09833 PLZ 91728

Kath. Filialgemeinde
Pfarramt Gnotzheim,
Spielberger Str. 22,
Tel. 95907
gnotzheim@bistum-eichstaett.de
Filialkirche St. Johannes
Haus Nr. 16.
Info Kath. Dekanat WUG
Pfarreienverbund GUN

Kath. Filialkirche St. Johannes

Gnotzheim und Spielberg kamen im 14. Jahrhundert in den Besitz der Grafen von Oettingen und durch Teilung der Grafschaft an die Linie Oettingen-Wallerstein, die im Zeitalter der Reformation katholisch blieb. Als diese Grafschaft im 17. Jahrhundert erneut aufgeteilt wurde, gelangten Gnotzheim und Spielberg an die Linie der Oettingen-Spielberg, die 1734 in den Fürstenstand erhoben wurde. Gnotzheim und Spielberg bildeten seit dem 14. Jahrhundert eine oettingische Enklave im Territorium des Burggrafen von Nürnberg, hernach des Markgrafen von Brandenburg-Ansbach. Die katholische Kapelle auf Schloss

Linke und rechte Seite: Schlosskapelle in Spielberg (k, s)

Spielberg, die Johannes dem Evangelisten geweiht ist, reicht in romanische Zeit zurück, wie ein zugesetztes Fenster des 12. Jahrhunderts belegt. Sie ist geostet und halbrund geschlossen, eine Herrschaftsempore im Westen verbindet mit dem Wohntrakt der Schlossanlage.

Heute präsentiert sich der Kapellenraum als Juwel des frühen Rokokos. Die Decke und die Emporenbrüstungen zeigen reichen Stuck um 1732, auch Altar, Kanzel und Gestühl sind Arbeiten der ersten Hälfte des 18. Jahrhunderts. Ein besonders schönes Kunstwerk der gotischen Stilepoche ist die kleine Marienfigur aus der Zeit um 1470. Das Wappen der Fürsten von Oettingen erinnert daran, dass Schloss Spielberg Sitz einer Linie dieses landesherrlichen Geschlechts war und noch heute im Eigentum dieser Familie steht. 1983 erwarb der Bildhauer Ernst Steinacker das Wohnrecht im Schloss; seitdem nützte er es auch als Atelier und Museum. Seine Familie wohnt auch nach seinem Tod (2008) auf Spielberg und gewährt Einlass in Schloss und Kapelle.

Innenhof des Schlosses Spielberg (s)

STETTEN

Ortsteil der Stadt Gunzenhausen; T 09831 PLZ 91710

EVANG.-LUTH. GEMEINDE
Pfarramt Stetten-Wald,
Haus Nr. 26, Wald, Tel. 2793
Kirche St. Peter
Info Evang.-Luth. Dekanat GUN

Evang.-Luth. Kirche St. Peter

Die ursprüngliche Chorturmanlage aus dem 14. Jahrhundert

erhielt in den Jahren von 1564 bis 1568 ein neues Langhaus. 1615 wurde der Turm um ein polygonales Geschoss erhöht und später, in den Jahren 1664 und 1680, mit einem Spitzhelm ver-

Oben und unten: St. Peter in Stetten (s)

Oben: die Orgel von 1733; unten: dekorative Taufsteinabdeckung (s)

sehen. In den Jahren 1822 und 1823 erfuhr das Langhaus eine Erweiterung nach Norden. Auch der bestehende Kanzelaltar wurde in dieser Zeit eingebaut. Der ursprüngliche Chorraum mit Kreuzrippengewölbe wurde dabei durch eine Wand vom Langhaus abgetrennt. Der Altartisch ist eine neue Arbeit aus dem Jahr 1970. Darüber hängt ein Gethsemanebild aus dem Jahre 1841. Überragt werden Altar und Altarbild von einer Refektoriumskanzel, hinter der sich vor dem Umbau die Orgel aus dem Jahr 1733 befand, bevor sie 1822 auf die Westempore versetzt wurde.

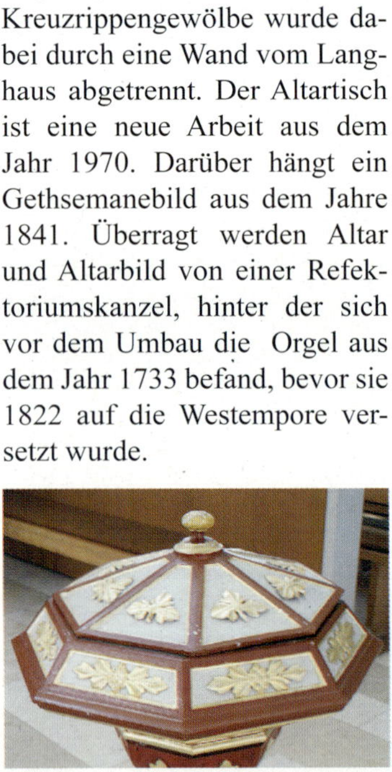

STIRN
Ortsteil des Marktes Pleinfeld
T 09144 PLZ 91785

KATH. PFARREI
Pfarramt Pleinfeld,
Pfarrgasse 2 Tel. 321
pleinfeld@bistum-eichstaett.de
Pfarrkirche Mariä Heimsuchung, Hauptstraße 21 a
tagsüber geöffnet
Info Kath. Dekanat WUG
Pfarreienverbund WUG

Kath. Pfarrkirche Mariä Heimsuchung

Oben: Mariä Heimsuchung in Stirn (k); rechte Seite: „Rosenkranzkönigin", spätes 17. Jahrhundert (b)

Der mittelalterliche Vorgängerbau erlitt 1645 im Dreißigjährigen Krieg schwere Schäden, woraufhin in den Jahren 1651 und 1652 der Wiederaufbau erfolgte. Nach einem weiteren Brandschaden 1687 wurde die Kirche 1688 nach den Plänen des Eichstätter Hofbaumeisters Jakob Engel „unter Beibehal-

tung mittelalterlicher Mauern verlängert und gewölbt. (...) Bei den Bauarbeiten unter Leitung von Giovanni Battista Camessina erhöhte man auch den Turm. An den bestehenden, auf die mittelalterliche Anlage zurückgehenden Chorturm wurde 1895 östlich ein neuer Chorraum angefügt. 1972–76 erfolgte eine Umorientierung und Erweiterung der Kirche mit einem neuen südlichen Anbau nach Plänen von Franz Kießling, München. (...) Im Innenraum kam es durch den Anbau zu einer Umorientierung der Kirche als T-förmige Anlage. Der Hochaltar wurde

Barockaltar in Stirn aus dem Jahre 1688 (b)

vor der Nordwand in der Mitte des ursprünglichen Langhauses aufgestellt. Die alten Kirchenbereiche zeigen Kreuzgewölbe, im ehemaligen Langhaus lagert dieses auf toskanischen Wandpfeilern." (Denkmalliste)

Der barocke Hochaltar aus dem Jahr 1688 birgt im Zentrum die Figur der Muttergottes mit Christuskind, flankiert von den Figuren der hll. Petrus und Paulus, eine Schöpfung des Eichstätter Bildhauers Christian Handschuher. Ebenfalls aus dem 17. Jahrhundert stammen die beiden Seitenaltäre sowie die Kanzel.

STOPFENHEIM

Ortsteil der Stadt Ellingen,
T 09141 PLZ 91792

KATH. PFARREI
Pfarramt Stopfenheim
Ellinger Str. 4,
Tel. 5780
stopfenheim@
bistum-eichstaett.de
Pfarrkirche St. Augustinus
Ellinger Straße 2
tagsüber geöffnet
Expositur Dorsbrunn
(St. Nikolaus)
Info Kath. Dekanat WUG
Pfarreienverbund WUG

Kath. Pfarrkirche St. Augustin

„An Stelle einer 1484 erbauten Liebfrauenkapelle wurde im Auftrag des Ellinger Landkomturs Franz Sigmund Albert von Lehrbach 1773–75 die Pfarrkirche St. Augustin durch den Deutschordensbaumeister Matthias Binder errichtet. Die Bildhauerarbeiten an der Fassade fertigte Leonhard Meyer aus Ellingen. (…) Die Kirche zeigt in ihrer Gesamtanlage und Ausrichtung deutliche Bezüge zum Residenzort Ellingen. Die Ein-

Die Einturmfassade in Stopfenheim ist nach Osten ausgerichtet. (k)

turmfassade wirkt wie der Abschluß einer von Ellingen ausgehenden Achse, deren Verlauf heute in etwa die Bundesstraße 13 kennzeichnet. Gleichzeitig wiederholt die Kirche mit der nach Osten hin ausgerichteten Schauseite die Anordnung der Ellinger Georgskirche. Mit ihrer Strenge, der Klarheit der Formen und der Reduktion bei der Dekoration weist St. Augustin

in den Frühklassizismus und unterscheidet sich dadurch sowohl stilistisch als auch in der tektonischen Auffassung deutlich von der knapp 50 Jahre älteren Ellinger Kirche." (Denkmalliste)
Im Osten erhebt sich, gut sichtbar von der B 13 (Gunzenhausen-Weißenburg), die Schaufassade Matthias Binders mit den überlebensgroßen Figuren der Maria Immaculata (Mitte) und der hll. Georg (links) und Elisabeth (rechts). Im ersten Obergeschoss des Turms prangen die Wappen des Ordensmeisters Karl Alexander Herzog von Lothringen und des Ellinger Landkomturs von Lehrbach. Oberhalb des Giebelansatzes befinden sich die Büsten der Apostel Petrus und Paulus.
Im Innern dominieren die flachen Tonnen mit ihren Stichkappen das Erscheinungsbild. Die Dominanz der Farbe Weiß, eine erste Reminiszenz an den auf das Rokoko folgenden Stil des Klassizismus, wird durch die weiße Farbgebung der Altäre noch betont. Der Aufbau des Hochaltars aus dem Jahre 1782 umrahmt ein Bild von Christian Winck, auf dem der Kirchenheilige St. Augustinus in Betrachtung der Dreifaltigkeit abgebildet ist. Das Chorgestühl (1720) und die Kanzel (1780) sind mit wertvollem Schnitzwerkdekor bestückt. Der Schalldeckel der Kanzel könnte noch aus der Vorgängerkirche stammen, ebenso wie die beiden Seitenaltäre aus der Zeit um 1720. Die Bilder sind hier jedoch jüngeren Datums.

Linke und rechte Seite: Die Innenausstattung der ehemaligen Stopfenheimer Deutschordenskirche steht kunstgeschichtlich für den Übergang vom Rokoko zum Klassizismus. (k, s)

„Im 19. Jahrhundert fügte man neue Altarblätter im Nazarenerstil ein, von denen eines wiederum durch eine barocke Anna-Selbdritt spanischer Provenienz ersetzt wurde. Die etwa um 1850 datierbaren Deckengemälde zeigen im Chor die Geburt Christi und im Langhaus Christi Himmelfahrt, dazu Evangelisten, Kirchenväter und die hl. Walburga." (Denkmalliste)

St. Michael in Suffersheim (k)

SUFFERSHEIM
Ortsteil der Stadt Weißenburg
T 09141 PLZ 91781

EVANG.-LUTH. GEMEINDE
Pfarramt Neudorf-Suffersheim
Haus Nr. 63, Tel. 09149/ 222
pfarramt.neudorf@elkb.de
Kirche St. Michael
Info Evang.-Luth.
Dekanat Pappenheim

Evang.-Luth. Kirche St. Michael

Es wird vermutet, dass die Michaelskirche auf eine der hl. Gunthildis geweihten Vorgängerkirche des frühen Mittelalters zurückgeht. In diesem Kirchbau

sollen sich auch die Gebeine der Heiligen befunden haben. Eine entsprechende Wallfahrtsstätte bestand nahe der bei Suffersheim gelegenen Hammermühle, wo Reste der St.-Gunthildis-Kapelle gefunden und freigelegt wurden, wo in unmittelbarer Nachbarschaft aber auch eine neue Kapelle errichtet wurde (s.u.). „Wohl erst nach der Schenkung des Ortes 867 an das Kloster Metten wurde der dortige Klosterheilige und

Oben und nächste Seite: die neue Gunthildiskapelle bei Suffersheim. Sie wurde nur unweit einer einstigen Gunthildis-Wallfahrtskapelle errichtet. (k)

Schutzpatron Michael auch in Suffersheim als Kirchenheiliger etabliert.“ (Denkmalliste). Nach Zerstörungen im Dreißigjährigen Krieg wurde St. Michael in den Jahren 1722 und 1723 neu erbaut, wobei Kanzel (1688) und Altar (1721) bereits vorab

gestiftet worden waren. Das Altarbild mit der Kreuzigungsszene stammt aus dem Jahre 1957. Das Vorgängerbild ist von 1886, ein Gemälde mit dem an die Tür klopfenden Jesus im Nazarenerstil. Der Turm wurde 1853 neu gestaltet und 1913 mit farbigen Ziegeln eingedeckt. Noch aus dem Vorgängerbau stammt das Portal mit dem halbrunden Tympanon an der Langhaussüdseite.

Gunthildiskapelle

Im Jahr 1957 konnten bei archäologischen Grabungen die Grundmauern des Chors der im Dreißigjährigen Krieg beschädigten und danach dem Verfall preisgegebenen Gunthildiskapelle des 13. Jahrhunderts freilegt werden. „Die 1995 geweihte ökumenische St.-Gunthildiskapelle, die durch ihre an einem Ammoniten orientierte Grundrissform unverzüglich die volkstümliche Bezeichnung ‚Schneckenhaus Gottes' erhielt, entstand nach Plänen des Heuberger Architekten Johannes Geisenhof. Der für diesen Kapellenneubau maßgebliche Förderverein hat auch die 1996–98 unter Leitung von Wolfgang Steeger durchgeführten Grabungskampagnen unterstützt, die – zusammen mit begleitenden geophysikalischen Untersuchungen – Erkenntnisse brachten, die eine ungefähre Rekonstruktion der Gesamtanlage erlauben und relativ gesicherte Aussagen über die Kapelle ermöglichen." (Denkmalliste)

THALMANNSFELD

Ortsteil der Gemeinde Bergen
T 09148 PLZ 91790

EVANG.-LUTH. GEMEINDE
Pfarramt Bergen
Dannhauser Str. 10, Bergen,
Tel. 251; Kirche St. Ulrich
Schlüssel im Pfarramt; Info
Evang.-Luth. Dekanat WUG

Evang.-Luth. Kirche
St. Ulrich

Eine Vorgängerkirche aus dem 14. Jahrhundert wurde 1717 durch Albrecht Ernst Schenk von Geyern barockisiert, worauf ein Wappen über dem Chorbogen hinweist. „Das Kreuzgratgewölbe im Turmchor wurde bei den Erneuerungsarbeiten des 18. Jahrhunderts mit barockem

St. Ulrich in Thalmannsfeld (s)

Bandelwerkstuck, in den Akanthusranken, Muscheln und eine zentrale Heilig-Geist-Taube integriert sind, überzogen." (Denkmalliste) Die Orgel im Chor befindet sich auf einer Empore hinter dem Altar. Die Kanzel und das Altarkreuz stammen aus der Zeit des Umbaus.

THANNHAUSEN

Ortsteil der Gemeinde Pfofeld
T 09834 PLZ 91738

EVANG.-LUTH. GEMEINDE
Pfarramt Pfofeld, Kirchenbuck 4, Tel. 201; Kirche St. Bartholomäus, tagsüber geöffnet,
Info Evang.-Luth.
Dekanat GUN

Evang.-Luth. Kirche St. Bartholomäus

Nur noch die unteren Geschosse des Chorturmes stammen aus dem Vorgängerbau des 16. Jahrhunderts. In dem im neugotischen Stil im Jahre 1869 errichteten Neubau des Gunzenhäuser Architekten Gustav Renner befinden sich einige sehenswerte Ausstattungsstücke, darunter das Altarbild, ein Gemälde, das 1884 vom bayerischen Königshaus gestiftet wurde. Dekorativ gestaltet ist auch die Kanzel, eine vorzügliche Schnitzarbeit aus dem 15. Jahrhundert (auf dem Kanzelkorb Datum von 1470), versehen mit einem neugotischen Schalldeckel. Aus der ehemaligen Wallfahrts- und Klosterkirche von Heiligenblut bei Spalt stammt die Christusfigur an der Nordwand (um 1750).

Oben: Thannhausens Bartholomäuskirche mit der Sitzfigur des Tannhäusers; unten neugotischer Altar (s)

Oben: Blick auf den Chor der Thannhäuser Kirche (s); darunter: südlich des Chorbogens die Kanzel aus dem Jahre 1470, bemerkenswertes Beispiel einer Kanzel aus vorreformatorischer Zeit (Spoerl)

THEILENHOFEN
Gemeinde
T 09834 PLZ 91741

EVANG.-LUTH. GEMEINDE
Pfarramt Theilenhofen
Hauptstr. 27, Tel. 96811
evkirche.theilenhofen@
gunnet.de
Kirche St. Agatha, Kirchenweg; weitere Kirchen: Dornhausen (St. Georg) Gundelsheim (St. Bartholomäus), Wachstein (St. Michael) Wachenhofen (St. Hieronymus); Infos Evang.-Luth. Dekanat GUN

Evang.-Luth. Kirche St. Agatha

Von weither ist der viergeschossige Chorturm mit seinem

markanten Spitzhelm zu erkennen. Er stammt noch von einem Vorgängerbau des Jahres 1423, während das Langhaus erst 1772 angebaut wurde. Im Chorraum wurden dabei die Rippen des gotischen Kreuzrippengewölbes mit stuckierten Lorbeerblättern verkleidet. Der Altar von 1666 besitzt ein Gemälde aus dem Jahr 1799, das die Auferstehung Christi zeigt. Über dem Altarauszug und über dem Chorbogen sind Wappen der Grafen von Pappenheim angebracht. Wie der Altar stammt auch der Kanzelkorpus aus dem Jahr 1666, während der Schalldeckel im 18. Jahrhundert gefertigt wurde. Wertvoll ist auch das alte Gestühl, das im Chorraum mit Stallensitzen und im Langhaus mit Wangentüren bestückt ist. Auf dem Friedhof fällt ein Grabmal von 1799 auf. Über einem runden Sockel erhebt sich ein pyramidenförmiger Stumpf.

St. Agatha in Theilenhofen (k)

TRENDEL
Ortsteil der Gemeinde
Polsingen, T 09093 PLZ 91805

EVANG.-LUTH. GEMEINDE
Pfarramt Ursheim,
Säggasse 2, Tel. 285
Kirche St. Georg
Kirchenbuck
Infos Evang.-Luth.
Dekanat HDH

Evang.-Luth. Kirche St. Georg

An den noch vom Vorgängerbau stammenden Turm wurde in den Jahren 1725 und 1726 ein Langhaus angebaut. Wie der Außenbau, so ist auch das Kircheninnere eher schlicht gehalten. Im Osten ist vor dem Turmgeschoss eine Kanzelaltarwand eingezogen, in der der schmucklose Altar und die Kanzel integriert sind. Die Orgel mit barockem Prospekt steht seitlich versetzt zur Achse von Altar und Kanzel auf einer Empore, die aus der Kanzelaltarwand ausgespart ist. Unterhalb der Orgelempore hängen ein Lutherbildnis und

Oben und unten: Georgskirche in Trendel (k)

ein ovales Bild mit dem markgräflichen Wappen (1727).
An Gotthard Friedrich Freiherr von Appold, den 1765 verstorbenen Schlossherrn in Trendel, erinnert linkerhand des Altars eine steinerne Gedenktafel.

TREUCHTLINGEN
Stadt, T 09142 PLZ 91757

EVANG.-LUTH. GEMEINDE
Pfarramt Hauptstr. 50,
Tel. 96770, Fax 967777
pfarramt.treuchtlingen@elkb.de
evang-kirche-treuchtlingen.de
Markgrafenkirche,
Kirchenstraße
tagsüber von Mai bis
Oktober geöffnet
Patrich-Gemeindehaus,
Schlesierstr. 3
Info Evang.-Luth.
Dekanat Pappenheim

Evang.-Luth. Markgrafenkirche

Die evangelische Markgrafenkirche in Treuchtlingen wurde 1757 an der Stelle der etwa 1450 entstandenen, ehemaligen Frühmesskapelle Beatae Mariae Virginis erbaut. 1755 begann Johann David Steingruber aus Ansbach mit der Planung und dem Neubau der Kirche und des Turmes. 1893 wurde das Langhaus um eine Achse erweitert. Heute erstrahlt die renovierte Kirche wieder im typischen Stil der protestantischen Predigerkirchen des 18. Jahrhunderts. Altar, Kanzel und Orgel befinden sich in einer Vertikalen übereinander. Große Emporen bieten zahlreichen Gläubigen Platz. Die zurückhaltende Ausstattung verleiht dem Gotteshaus eine elegante Note. Dazu zählen die vier Evangelistenbilder links und

rechts der Kanzel (1706). „Auf der konvex vorgezogenen Brüstung der Orgelempore ist eine Hl.-Geist-Taube im Strahlenkranz angebracht; das alte, von zwei Putten gehaltene, große markgräfliche Wappen wurde in den 1949 neu gestalteten Orgelprospekt integriert.“ (Denkmalliste)

Oben und rechte Seite oben: Markgrafenkirche in Treuchtlingen, unten: das Patrich-Gemeindehaus in der Schlesierstraße (k)

KATH. PFARREI
Pfarramt, Elkan-Naumburg-Straße 1, Tel. 3312
treuchtlingen@bistum-eichstaett.de
www.marienkirche-treuchtlingen.de
Pfarrkirche Mariä Himmelfahrt, Bahnhofstraße 52, tagsüber geöffnet
Kirche St. Lambertus, Heinrich-Aurnhammer-Straße 2 tagsüber geöffnet
Kuratie Markt Berolzheim (St. Hedwig)
Info Kath. Dekanat Weißenburg
Pfarrverband Treuchtlingen-Pappenheim

Kath. Stadtpfarrkirche Mariä Himmelfahrt

Die katholische Stadtpfarrkirche St. Maria, ein Bau aus dem Jahre 1934, wurde für die wachsende katholische Pfarrgemeinde errichtet, für die die Lambertuskirche zu klein geworden war. Ermöglicht wurde der Bau durch eine Abfindungszahlung der Reichsbahn für die ehemalige Vierzehn-Nothelfer-Kapelle, eine Wallfahrtskirche von 1450, die wegen der Bahnerweiterung abgerissen werden musste. Der Neubau erfolgte durch den Münchner Architekten Georg W. Buchner. Dabei verwendete er als Baumaterial Bruchsteine, wie sie für den Bau der für die Gegend typischen Jurahäuser eingesetzt wurden. Die Eindeckung des Daches mit Legschieferplatten wurde 1980 rückgängig gemacht. „Modern und ohne direkte regionale Vorbilder zeigt sich das Kirchenäußere mit dem Turm, der sich als schmaler Westriegel über die Gesamtbreite des anschließenden Kirchenschiffes erstreckt. Dieses ist als geräumiger, sechsachsiger Saalraum gestaltet.“ (Denkmalliste)

Linke und rechte Seite: Stadtpfarrkirche St. Marien in Treuchtlingen (k)

Von der Innenausstattung zählen die Seitenaltäre mit wertvollen spätgotischen Figuren aus Eichstätt (um 1510) zu den Kostbarkeiten des Gotteshauses. Sie dürften bereits in der abgetragenen Kapelle gestanden haben. „Der moderne Flügelaufbau des linken Seitenaltars beinhaltet die Figur des hl. Lambertus, der einem Bären Brot reicht, flankiert von den hll. Martin und Willibald, zusätzlich die Reliefs von Sebastian und Christophorus. Das barocke Predellabild zeigt die Vierzehn Nothelfer. Auf dem rechten Seitenaltar ist eine Mondsichelmadonna aufgestellt.“ (Denkmalliste)
Vier Tafelbilder mit Szenen aus dem Leben des Hl. Lambertus stammen vermutlich aus der Schule des berühmten Regensburger Malers Albrecht Altdorfer, dem Begründer der Donau-Schule (1480–1538). Ein modernes Kunstwerk von Rang schmückt die Altarwand; Franz Luibls übergroßes Fresko „Verherrlichung der Himmelskönigin“ stellt Szenen der biblischen Geschichte dar. „Altar und Kanzel sind in einfacher, blockhafter Formgebung aus heimischem Marmor gearbeitet. Die Kreuzwegbilder aus dem Jahr 1963 unter den Langhausfenstern stammen von Heinrich Mangold.“ (Denkmalliste)

Kath. Kirche St. Lambertus

Eine erste St. Lambertuskirche war ab dem 13. Jahrhundert als Pfarrkirche für Treuchtlingen überliefert, musste aber nach

einem Brand bereits 1495 durch einen Neubau ersetzt werden. Dieser Folgebau überlebte die Wirren des Dreißigjährigen Krieges nicht unbeschadet. Die heutige Kirche ist ein barocker Neubau nach Plänen des Ingolstädter Stadtmaurermeisters Anton Brunthaler und des Baumeisters Leinhart aus dem Jahr 1733. „Über dem vom Vorgängerbau übernommenen Westportal, das in der Laibung Diamantschnitt und Beschlagwerk besitzt, ist das Pappenheimer Wappen und eine Inschrift eingelassen." (Denkmalliste)
Erst in den Jahren von 1967 bis 1973 und um 1990 erfolgten durchgreifende Renovierungen, die eine Wiederherstellung des alten barocken Zustandes bewirkten. Der Hauptaltar steht im lichtdurchfluteten Halbrund des stuckierten Chores und bildet zusammen mit den beiden Seitenaltären ein sehenswertes Ensemble. „Der Innenraum präsentiert sich reich und aufwendig gestaltet, insgesamt bietet er einen recht einheitlichen, schmuckvoll barocken Zustand. Der Altarraum und das durch einen runden Chorbogen abgetrennte Langhaus besitzen jeweils eine mit Rahmenstuck verzierte Flachdecke. Im frühen 18. Jahrhundert wurde der viersäulige Hochaltar gefertigt. Das Altarblatt mit dem hl. Lambertus, der vor dem Gekreuzigten kniet, stammt aus dem Jahr 1822 und wurde von Dismas Bachmayr aus Eichstätt gemalt,

Linke und rechte Seite: St. Lambertus in Treuchtlingen (k)

der auch das obere Bild, das die hl. Familie zeigt, verfertigte. Im seitlichen Rankenwerk sind kleine Bilder mit den hll. Wunibald und Walburga eingefügt. Die verschiedenen Bilder an den beiden Seitenaltären zeigen links die Hl. Dreifaltigkeit und darüber die Hll. Drei Könige, rechts Maria Himmelfahrt und darüber die Immaculata. Bemerkenswert ist die Stuckkanzel, deren Korb mit Bildern der Evangelisten im Bandelwerkstuck verziert ist. Am Schalldeckel befinden sich aus Stuck gearbeitete Evangelistensymbole und bekrönend das Lamm auf dem versiegelten Buch.

Der Taufstein stammt aus der Zeit um 1500." (Denkmalliste)

Bemerkenswert sind die Epitaphien der Pappenheimer Erbmarschälle, darunter die Grabplatte für Hans Georg von Pappenheim († 1568) und der Grabstein des im Jahre 1600 verstorbenen Veit von Pappenheim und seiner Frau Regina († 1592).

„Zusätzlich existiert für beide ein Epitaph, gefertigt möglicherweise durch Wolf Beidmüller aus Eichstätt. Die Hauptzone zeigt zwischen wappenbesetzten Pilastern die Verstorbenen unter der Auferstehung, im Aufsatz das Relief der Himmelfahrt Christi, darüber auf einem gesprengten Giebel die Figur der Caritas." (Denkmalliste)

TROMMETSHEIM
Ortsteil der Gemeinde Alesheim, T 09146 PLZ 91793

EVANG.-LUTH. GEMEINDE
Pfarramt Alesheim
Kirchengasse 10, Alesheim, Tel. 225; Kirche St. Emmeram, Kirchstraße 11; Schlüssel im Pfarramt Alesheim; Info Dekanat WUG

Evang.-Luth. Kirche St. Emmeram

Der heutige Bau von St. Emmeram geht auf die Erbauungszeit im Hochmittelalter zurück, auch wenn der ursprünglich romanische Stil in der Zeit der Gotik dem Zeitgeschmack angepasst wurde. 1702 erfolgten am Langhaus umfassende Renovierungen. 1809 erfuhr der Turm eine Aufstockung oberhalb der beiden Untergeschosse und erhielt einen Spitzhelm. 1822 wurde das Langhaus nach Westen erweitert. Im kreuzgratgewölbten Chor erhebt sich der Altar, die Arbeit eines Schreiners

Oben und unten: St. Emmeram (k)

aus Ellingen von 1707. In dem zweisäuligen Altaraufbau hängt ein Bild der Kreuzabnahme aus dem Jahre 1840. Eine Sakramentsnische aus dem frühen 15. Jahrhundert wurde in der Chornordwand eingelassen. „Ein geschmiedetes Rautengitter schließt die rechteckige Nischenöffnung, darüber sitzt ein Wimperg mit seitlichen Fialen." (Denkmalliste) – Die mit Beschlagwerk dekorierte Kanzel stammt von 1707. „In seiner Gestaltung zeigt dieses Prinzipalstück Parallelen mit etwa gleichzeitig entstandenen Kanzeln der Treuchtlinger und Pappenheimer Umgebung; Beispiele dieses Typs finden sich u. a. in Graben, Niederpappenheim und Schambach." (Denkmalliste) – Unter der Kanzel befindet sich der alte, spätgotische Taufstein mit umlaufendem Maßwerkfries und Lilien in den Feldern. Der neue achteckig gestaltete Taufstein aus dem Jahre 1699 steht in der Mitte des Langhauses.

ÜBERMATZHOFEN

Ortsteil der Stadt Pappenheim
T 09143 PLZ 91788

Pfarramt Niederpappenheim-Osterdorf, Graf-Carl-Str. 1, Pappenheim, Tel. 83170;
Kirche St. Georg
Info Evang.-Luth. Dekanat Pappenheim

Evang.-Luth. Filialkirche St. Georg

„Die Kirche stammt in ihrer heutigen Erscheinung aus dem

Vorherige Seite und oben: die Georgskirche in Übermatzhofen (k)

17. und 18. Jahrhundert, könnte jedoch auf eine ältere Bauphase se (als Chorturmkirche geplant oder auch ausgeführt?) zurückgehen." (Denkmalliste)
Der Innenraum zeigt sich ebenso schlicht wie das Äußere der Kirche. Der Altar birgt ein Kruzifix aus dem Jahr 1769. „Vor dem Eingang zur Kirche steht ein alter, etwa 1 m hoher Steinblock, der sogenannte Druidenstein, der an einer Seite ein eingemeißeltes Hexagramm besitzt.
Er wurde wohl als Sockel für einen Taufstein oder als Weihwasserbecken genutzt." (Denkmalliste)

UNTERASBACH

Ortsteil der Stadt Gunzenhausen, T 09831 PLZ 91710

EVANG.-LUTH. GEMEINDE
Pfarramt Haus Nr. 35, Tel. 266
pfarramt.unterasbach@elkb.de
Evang.-Luth. Kirche
St. Michael; weitere Kirchen:
Frickenfelden (Kapelle),
Oberasbach (St. Wolfgang)
Infos Evang.-Luth.
Dekanat GUN

Evang.-Luth. Kirche St. Michael

Auf halbem Weg zwischen Unter- und Oberasbach erhebt sich

Die „Michelskirche", ein Wahrzeichen des Gunzenhäuser Landes (s)

die St.-Michaels-Kirche, deren zwiebelförmiger Turm schon von weitem sichtbar ist. Das Gotteshaus auf dem „Michelsbuck" war im Mittelalter eine vielbesuchte Wallfahrtskirche. In der nördlichen Langhauswand, nahe dem Anschluss zum Turm, sitzt erdgeschossig ein langes, schmales Rundbogenfenster, das auf romanischen Baubestand hindeutet. Die Kirche bekam ihr markantes Turmobergeschoss von Johann David Steingruber in den Jahren von 1752 bis 1754. „Dabei erhielt der mächtige Kuppelhelm unter seiner Spitze Öffnungen, die markgräfliche Falkner zum Auswurf der Jagdfalken nutzten." (Denkmalliste) Das Langhaus, 1707 erneuert, und die Außenfassade wurden 1986 mit viel Geschmack und hohem Aufwand restauriert. „Der Chor im Turmuntergeschoß zeigt ein Sternrippengewölbe, dessen Rippen auf Pflockkonsolen ansetzen. Zum Langhaus hin vermittelt eine Öffnung mit einem geraden oberen Abschluß. Das vierachsige Langhaus ist flachgedeckt und besitzt an der Nord- und Westseite Emporen. Der etwa Mitte des 18. Jahrhunderts entstandene, niedrige Altaraufbau enthält eine Kopie des 19. Jahrhunderts nach Leonardos Abendmahl. Auf der

Die Unterasbacher Orgel (s)

Oben und unten: St. Jodokus (s, b)

Empore über dem Altar steht die Orgel, ihren Prospekt schmückt das von zwei Putten flankierte, ovale Bild mit dem hl. Michael.“ (Denkmalliste)

UNTERWURMBACH
Ortsteil der Stadt Gunzenhausen, T 09831 PLZ 91710

EVANG.-LUTH. GEMEINDE
Pfarramt Aha, Aha 165, Tel. 3160; Kirche St. Jodokus, tagsüber geöffnet
Info Evang.-Luth. Dekanat GUN

Evang.-Luth. Kirche St. Jodokus

1848 kam es zu einem Neubau von St. Jodokus, nachdem die ihrerseits auf eine ehemalige Siechenhauskapelle zurückgehende Vorgängerkirche dem Platzbedarf der expandierenden Gemeinde nicht mehr gerecht wurde. 1862 wurde an Stelle des alten Dachreiters ein Turm errichtet.

„Der zweijochige, polygonal geschlossene Chor besitzt ein Rippennetzgewölbe, dessen gekehlte Rippen zum Teil auf Dreiviertelsäulen, zum Teil auf Kopfkonsolen ansetzen. Hinter einem

Die Unterwurmbacher Kirche St. Jodokus wurde im Stil der Neugotik ausgestattet. (b)

spitzbogigen, gekehlten Chorbogen schließt sich das vierachsige, flachgedeckte Langhaus an. Die Ausstattung ist neugotisch gehalten, der Altar orientiert sich in seiner Gestaltung am Hauptaltar der Gunzenhäuser Stadtkirche.“ (Denkmalliste)

URSHEIM
Ortsteil der Gemeinde Polsingen, T 09093 PLZ 91805

EVANG.-LUTH. GEMEINDE
Pfarramt Ursheim, Säggasse 2, Tel. 285; Kirche St. Wunibald Kirchenstraße; weitere Kirche: Ursheim (St. Georg); Info Evang.-Luth. Dekanat HDH

Evang.-Luth. Kirche St. Wunibald

1840/41 wurde anstelle eines mittelalterlichen Vorgängerbaus eine neuromanische Kirche errichtet. Schlicht wirkt die Kirche nicht nur von außen. Auch im Innern ist sie nur spärlich ausgestattet. Der Kanzelaltar des 19. Jahrhunderts wurde 1958 entfernt. Dafür wurde an die Südseite des Chors eine Sakristei angebaut und oberhalb des Altars ein spätgotisches Kruzifix aus der Zeit um 1500 aufgehängt. Die lange Zeit im Pfarrgarten liegende polygonale Steinschale aus dem späten 15. Jahrhundert hat in der Kirche als Taufstein wieder Verwendung gefunden.
Die Reste einer ursprünglich in der Kirchhofmauer eingelassenen Sakramentsnische aus der Zeit um 1450 befinden sich seit

Oben und unten: St. Wunibald (k)

der Sanierung der Jahre von 1991 bis 1993 im Kirchenraum. In einem der Spitzbögen befindet sich zwischen schmuckvollen Fialen ein Volto-Santo-Bildnis. „Im saalförmigen Innenraum gibt es an der Westseite eine Empore, deren Brüstung eine marmorimitierende Bemalung aufweist. (…) Die Kanzel an der Südkante des Chorbogens ist eine moderne Schöpfung.“ (Denkmalliste) An den Außenwänden und auf dem Friedhof fallen mehrere Pyramidenurnengräber auf, die aus dem 18. und 19. Jahrhundert stammen.

Kapelle Veitserlbach
Linke und rechte Spalte:
Die Kapelle auf dem Weg von Veitserlbach nach Regelsberg wurde im Jahr 1965 errichtet. Die Einrichtung der Veitserlbacher Ortskapelle zeugt von einer lebendigen Volksfrömmigkeit. (s)

WACHENHOFEN
Ortsteil der Gemeinde
Alesheim, T 09146 PLZ 91793

EVANG.-LUTH. GEMEINDE
Pfarramt Theilenhofen
Hauptstr. 27, Tel. 96811
Kirche St. Hieronymus
Info Evang.-Luth.
Dekanat GUN

Evang.-Luth. Kirche St. Hieronymus

Im 18. Jahrhundert wurde der vermutlich von einer mittelalterlichen Kirche stammende Turm aufgestockt, bevor dann in den Jahren 1870 und 1871 ein neues Langhaus errichtet wurde. „Einfache Strebepfeiler gliedern die Außenwände des dreiachsigen Langhauses, deren steinsichtige

St. Hieronymus in Wachenhofen (s)

Westfassade mit einem neugotisch geformten Türgewände, einem Fenster mit ‚Wimpergabschluß' und einer Fensterrose besonders betont ist. Mit diesen Gestaltungselementen orientiert sich die Wachenhofer Kirche an der St.-Willibalds-Kirche in Weißenburg, die in den Jahren 1869–71 ebenfalls nach Plänen des königl. Baubeamten Wilhelm Langenfaß, Weißenburg, errichtet wurde." (Denkmalliste) Über den Altarraum des Turm-

untergeschosses spannt sich ein Sterngewölbe aus spätgotischer Zeit. Die Innenausstattung stammt einheitlich aus dem 19. Jahrhundert und entspricht dem Stil der Neugotik.

WACHSTEIN
Ortsteil der Gemeinde Theilenhofen, T 09834 PLZ 91741

EVANG.-LUTH. GEMEINDE
Pfarramt Theilenhofen, Hauptstr. 27, Tel. 96811, Kirche St. Michael, Pfarrgasse; Info Evang.-Luth. Dekanat GUN

Evang.-Luth. Filialkirche St. Michael

In Nachfolge einer vom Verfall bedrohten Kirche des 15. Jahrhunderts wurde St. Michael in den Jahren 1907 und 1908 errichtet. „Bei den Bauarbeiten

St. Michael in Wachstein (s)

Fassade der Walder Kirche (s)

im Bereich des heutigen Turmes fand man Fundamente der mittelalterlichen Anlage. Die neu errichtete Chorturmanlage mit quadratischem, kreuzgratgewölbtem Chor orientiert sich an den Formen des Vorgängerbaus. Das dreiachsige Langhaus besitzt an der Nord- und Westseite Emporen und eine flache Putzdecke mit Unterteilung in quadratische Kassetten. Während die Orgel von 1898/99 und der neugotische Altar aus dem Vorgängerbau übernommen wurden, gestaltete man die Kanzel mit den Figuren von Luther und Paulus neu.
Die Ornamentik des Kanzelkorbes findet sich vereinfacht an den Emporenbrüstungen wieder." (Denkmalliste)

WALD
Ortsteil von Gunzenhausen
T 09831 PLZ 91710

EVANG.-LUTH. GEMEINDE
Pfarramt Stetten-Wald
Haus Nr. 26, Tel. 2793
pfarramt@kirchengemeinde-wald.de
Evang.-Luth. Kirche
St. Martin und Ägidius
weitere Kirche:
Stetten, St. Peter
Info Ev.-Luth. Dekanat GUN

Evang.-Luth. Kirche St. Martin und Ägidius

Der markgräfliche Hofbaudirektor Carl Friedrich von Zocha, der das Rittergutslehen Schloss

Kanzel-Orgel-Altar in der Walder Kirche (b)

Wald innehatte, baute 1722 die erste Quersaalkirche im Markgraftum Brandenburg-Ansbach. Hierfür schloss er den Chorbogen im Turm der spätgotischen Vorgängerkirche. An diese Wand setzte er den Altar, darüber die Kanzel und darüber – in eine zurückgenommene Empore – die Orgel. Die neue Kirche schob er als Quersaal vor diese

Kanzelwand, so dass der alte Chorraum überflüssig wurde. Kanzel und Altar wurden gleichermaßen Zielpunkt und Mitte des Raumes. Das Kirchengestühl und die Emporen sind um dieses Zentrum so gestaffelt, dass die Gläubigen nahe an Altar und Kanzel heranrücken. Der italienisch-wienerisch beeinflusste Barock wurde damit aus dem Kirchenraum verdrängt, mit ihm wurden Bilder und Plastik verbannt. Stattdessen dominieren französisch-klassizistische Stilelemente, die dem Raum eine noble, wenn auch kühle Atmosphäre geben. Damit hat die „Markgrafenkirche“ eine besondere Ausprägung erfahren. Freilich baute Carl Friedrich von Zocha nach der Quersaalkirche in Wald auch wieder Langhauskirchen.

„Ein Umbau im Jahr 1928, der eine Erweiterung um 7,5 m nach Westen brachte, hat den ursprünglichen Quersaalcharakter zugunsten einer Längsausrichtung verändert. (…) Im schlicht gehaltenen Innenraum ist selbst der Kanzelaltaraufbau gestalterisch kaum herausgehoben. Dekoration und Bildschmuck bieten nur das Altarbild (von 1792, mit Darstellung der Erscheinung des Auferstandenen), drei Schnitzfiguren (Guter Hirte, auf dem Kanzelschalldeckel; in den Seitenarmen ein Laurentius und ein Bischof), etwas Rankenwerk am Orgelprospekt, die Schnitzwerkfüllungen im Speisgitter vor dem Altar, der ursprüngliche, an die Seite verdrängte Taufengel und das Falkenhausensche Wappen am Herrschaftsstand. Unter der Kirche befindet sich eine Gruft mit Grablegen der Familien von Zocha und von Falkenhausen.“ (Denkmalliste)

WALKERSZELL
Ortsteil von Pleinfeld
T 09144 PLZ 91785

KATH. FILIALGEMEINDE
Pfarramt Pleinfeld,
Pfarrgasse 2, Tel. 321
pleinfeld@bistum-eichstaett.de
Filialkirche
St. Johann Baptist
Schlüssel bei Familie Bock,
Walkerszell 8
Info Kath. Dekanat WUG
Pfarreienverbund WUG

Kath. Filialkirche St. Johann Baptist

Der Deutschordensort Walkerszell, einst der Kommende Ellingen unterstellt, besitzt einen Kirchenbau, der vermutlich nach den Plänen des berühmten

Altäre in St. Johann Baptist (s)

Ellinger Architekten Franz Keller errichtet wurde. Über dem Dreiecksgiebel des Mittelrisalits, eine der wenigen schmuckvoll gestalteten Bauteile der Westfassade, erhebt sich ein sechseckiger Dachreiter. Der Hochaltar stammt aus der Zeit um 1640, während die Seitenaltäre und die Kanzel 1668 geschaffen wurden. Im Inneren besticht der „qualitätvolle Bandelwerkstuck (…), welcher in Ornamentik und bei den Motiven auf Gitterfelder, Gehänge und Tulpenstäbe zurückgreift. Durch das Wappen des Landkomturs Karl Heinrich von Hornstein (1717–43) ist ein zeitlicher Rahmen für die Ausführung der Stuckierung gegeben, aus stilistischen Gründen kann sie etwa auf 1730 angesetzt werden." (Denkmalliste)

Glockengestühl in Walkerszell (s)

WALTING
Ortsteil der Marktgemeinde Pleinfeld, T 09144 PLZ 91785

KATH. PFARREI,
Pfarramt Pleinfeld, Pfarrgasse 2, Tel. 321; pleinfeld@bistum-eichstaett.de; Kirche Mariä Himmelfahrt, tagsüber geöffnet; weitere Kirche: Dorfkapelle Mannholz (St. Marien) Info Kath. Dekanat WUG Pfarreienverbund WUG

Kath. Pfarrkirche Mariä Himmelfahrt

Die im Kern mittelalterliche Chorturmanlage wurde 1567 und 1774 erneuert. Die Obergeschosse des mit dem Spitzhelm abschließenden Turmes stammen von 1874. Der Hochaltar ist neubarocker Herkunft. Er besitzt eine spätgotische Marienfigur aus der Zeit um 1500. Die beiden Relieffiguren von Petrus und Paulus beidseitig des Altars stammen ebenso wie die Figur des hl. Sebastian

Linke Seite und oben: Waltinger Pfarrkirche Mariä Himmelfahrt; oben: Kirchengestühl und Orgel aus dem 18. Jahrhundert auf der Westempore in Walkerszell (s)

am rechten Seitenaltar aus dem frühen 16. Jahrhundert. Auf der Westempore, wo auch altes Kirchengestühl erhalten blieb, erhebt sich die Orgel. Sie „besitzt einen fünfteilig-dreitürmigen, mit Akanthusschnitzwerk geschmückten Prospekt von etwa 1745“. (Denkmalliste)

WEIBOLDSHAUSEN
Ortsteil der Gemeinde Höttingen, T 09141 PLZ 91798

EVANG.-LUTH. GEMEINDE
Pfarramt
Weiboldshausen
Burgstr. 20, Tel. 4350
evang@
pfarramtweiboldshausen.de
Kirche St. Nicolai,
Burgstraße;
Schlüssel auf Anfrage
im Pfarramt
Weitere Kirche: Höttingen
(St. Johannes Baptista)
Info Evang.-Luth.
Dekanat WUG

Evang.-Luth. Kirche St. Nicolai

Der Turm der im Kern mittelalterlichen Anlage wurde 1760

Kanzelaltar der Nicolaikirche in Weiboldshausen aus der Zeit um 1820 (k)

nach Plänen des markgräflich-ansbachischen Bauinspektors Johann David Steingruber mit einem neuen Obergeschoss und einer geschwungenen Helmkuppel ausgestattet. In den Jahren von 1761 bis 1764 erfolgte ein Neubau des Langhauses. St. Nicolai besitzt zwar einen für den protestantischen Sakralbau dieser Region typischen Kanzelaltar. Dieser wurde jedoch erst 1820 eingebaut. Zunächst befand sich auch die Orgel auf einer Empore über der Kanzel. 1884 wurde sie auf ihren jetzigen Standort auf der Nordempore versetzt. Der Altar wird von zwei Türen flankiert. An der nördlichen Turmmauer befindet sich ein Grabstein für den Ritter von Hausen (gest. 1427), der Verstorbene ist kniend dargestellt.

WEIMERSHEIM
Ortsteil von Weißenburg
09141/91781

EVANG.-LUTH. GEMEINDE
Pfarramt Weimersheim
Weimersheimer Ring 25
Tel. 2190;
Kirche St. Veit
Weimersheimer Ring
täglich geöffnet;
weitere Kirche:
Kattenhochstatt
(St. Magnus)
Info Evang.-Luth.
Dekanat WUG

Evang.-Luth. Kirche St. Vitus

Zwei Kirchenweihen sind für St. Veit in den Urkunden bezeugt: unter Bischof Gundekar II. von Eichstätt zwischen 1057 und 1075 und unter Bischof Otto zwischen 1182 und 1196. Im 18. Jahrhundert erfolgte ein Ausbau der Chorturmkirche, wobei im Jahr 1706 der Turm erhöht und 1738 das Langhaus erweitert wurde.
Die Orgel wurde 1740 eingebaut. Anlässlich einer Renovierung im Jahr 1958 wurden die Malereien im Chor entdeckt und freigelegt. Restauriert wurden sie allerdings erst bei jüngsten Instandsetzungen in den Jahren zwischen 1987 und 1996. Den Altar schmückt ein Gemälde mit der Kreuzigung Christi

Weimersheimer Kirche (k)

aus dem 19. Jahrhundert. Das Bild in der Predella stellt das letzte Abendmahl dar, im Auszug ist als Symbol für die Dreieinigkeit das Auge im Dreieck zu sehen. Unter der Kanzel aus der Barockzeit befindet sich eine Sitzbank, die im 19. Jahrhundert hier eingebaut wurde – eine selten gesehene Anordnung. Hier saß der Klingelbeutelträger. Im Innenraum beeindrucken die dreiseitig umlaufenden Emporen, deren Brüstungsfelder 1921 mit floralen Motiven bemalt wurden. „Der Taufstein entstand in der Zeit um 1600, er ist mit

Chorturmkirche in Weimersheim (k)

nachgotischen Maßwerkblenden am Becken sowie Diamantbossen und obeliskartigen Eckverzierungen am Sockel gestaltet. (...) Die spätgotischen Wandmalereien haben sich im Turmchor an der Nordseite über die ganze Wandbreite, an der Ostseite um das nachträglich mittig ausgebrochene oder vergrößerte Fenster und an der Südseite im östlichen Bereich bis zum ebenfalls nachträglich ausgebrochenen oder vergrößerten Fenster erhalten. Die Sockelzone fehlt, möglicherweise wurde hier zu Zeiten, als die Malereien noch übertüncht waren, neu verputzt. Unter der ins späte 14. Jh. (Eitel 1966) datierten, sichtbaren Malschicht sind teilweise noch weitere Malschichten feststellbar, die allerdings Überarbeitungen und Ergänzungen einer der Freilegung nachfolgenden Restaurierung sein dürften. In bis zu vier Bildreihen, die teils durch weiße Streifen, teils durch einfache Striche getrennt wurden, sind Einzelfelder angeordnet. Zum Inhalt haben sie Marterdarstellungen des hl. Veit und Szenen aus dem Leben Christi, dabei vorwiegend Darstellungen der Passion bis zur Auferstehung." (Denkmalliste)

WEISSENBURG I. BAY.
Große Kreisstadt
T 09141 PLZ 91781

EVANG.-LUTH. DEKANAT
Pfarrgasse 5
Tel. 97460, Fax 974614
dekanat.weissenburg@elkb.de
dekanat@weissenburg-evangelisch.de
EVANG.-LUTH. GEMEINDE
Pfarramt Weißenburg
Pfarrgasse 5, Tel. 97460
pfarramt.weissenburg@elkb.de
Kirche St. Andreas, Martin-Luther-Platz; täglich geöffnet
Weitere Kirchen: Spitalkirche, Friedrich-Ebert-Straße; Wülzburg (St. Nikolauskapelle), Schlüssel jeweils auf Anfrage im Pfarramt
Info Evang.-Luth. Dekanat WUG

St. Andreas in Weißenburg geht auf das 14. Jahrhundert zurück. (s)

Evang.-Luth. Stadtkirche St. Andreas

„Die Stadtpfarrkirche St. Andreas ist zusammen mit dem Gotischen Rathaus und der Stadtbefestigung mit dem Ellinger Tor das wichtigste architektonische Zeugnis Weißenburgs aus der Reichsstadtzeit. Ihre Silhouette, bestehend aus dem markanten hohen Hallenchordach und dem Ostturm, bildet das fernwirksame Wahrzeichen der Stadt. Die Ansicht der Kirche im Hintergrund des Ellinger Tors gehört zu den beliebtesten und am häufigsten gewählten Bildmotiven.“ (Denkmalliste) Das heutige Langhaus und der Turm, der im Osten an das nördliche Seitenschiff anschließt, gehen auf einen Neubau zurück, der im späten 13. Jh. begonnen worden sein muss. Die Weihe dieser Kirche erfolgte im Jahr 1327. Darauf lässt ein Inschriftenstein an der Michaelskapelle schließen. Bereits 1329 wurde St. Andreas als Pfarrkirche bezeugt, in Nachfolge von St. Martin am heutigen Schrannenplatz, die Filialkirche von St. Andreas wurde. Das Patronat über die Weißenburger Kirche lag seit dem frühen 12. Jahrhundert beim Kloster Wülzburg. Im späten 14. Jh. entschloss man sich zu einem kompletten Neubau der Kirche, wovon allerdings nur der Bau des Hallenchors

im Jahr 1425 realisiert werden konnte. Dass er eigentlich Teil eines leicht versetzten Neubaus werden sollte, erklärt, warum er zum älteren Langhaus um einige Grad gedreht ist. Dies verleiht dem Kirchenraum eine asymmetrische Form. Es dauerte dann noch ganze 56 Jahre, bis auch der Ostturm mit seinen vier Geschossen errichtet wurde, und nochmals 40 Jahre später, im Jahre 1520, erhielt der Turm sein oberstes Geschoss mit der Türmerwohnung. In der Folgezeit erfuhr St. Andreas etliche Renovierungs- und Umbauarbeiten, teilweise bedingt durch Zerstörungen im Dreißigjährigen Krieg. In den Jahren von 1837 bis 1839 wurden bei Renovierungsarbeiten ein neugotischer Altar eingebaut und die Sakristei ins untere Geschoss der Michaelskapelle verlegt. 1891 und 1892 wurde der Kirchbau erneut renoviert. Die Planungen stammten von Hermann Steindorff, seinerzeit Professor an der Kunstgewerbeschule in Nürnberg. Nun erhielt das Langhaus „durch Erhöhung der Mittelschiffwände und Errichtung eines Westgiebels eine basilikale Struktur“ (Denkmalliste). An den Längsseiten und im Westen wurden neue Emporen eingebaut und die Decke wieder mit einer flachen Holzkonstruktion ausgestattet. Auch die Wandflächen selbst wurden wieder mit Malereien dekoriert. 1898 konnte das nach der Reformation zugebaute Tympanonrelief am Brautportal wieder freigelegt werden. 1931 tauschte man den neugotischen Altar gegen den alten Andreasaltar aus, nachdem er zuvor in

Stadtkirche Weißenburg (k)

den Werkstätten des Landesamtes für Denkmalpflege renoviert worden war. Zur jüngsten durchgreifenden Restaurierung von St. Andreas kam es dann in den Jahren von 1956 bis 1960. Hier verfolgte man vorrangig das Ziel, den Stil der Neugotik wieder in den Hintergrund zu drängen. Die Emporen wurden bis auf die Westempore, die vereinfacht wurde, ausgebaut, und die Bemalung wurde entfernt, so dass im Hallenchor und im Langhaus wieder die Steinwände zum Vorschein kamen. 1962 erhielt St. Andreas eine neue Orgel, die von der Firma Steinmeyer auf der oberen Westempore eingebaut wurde. 2007 erfolgte ihre grundlegende Renovierung.

An der Südseite befindet sich vor dem Chorraum ein zweiteiliger Anbau, der das Eingangsportal und die heutige Taufkapelle birgt. Über diesen beiden Bauteilen öffnet sich zum Chor hin die Michaelskapelle auf Höhe der Emporen. Im Ostteil des Chorbaus trifft man auf eine weitere Kapelle, und auch am Chorscheitel befindet sich in der Wand ein kapellenartiger Zwischenbau im Untergeschoss des Ostturms. Dieser mit einem Gewölbe ausgestattete Raum ist nur vom Kircheninnern aus begehbar. „1995 wurde hier ein Ausstellungsraum eingerichtet, die ‚Schatzkammer'. Darin sind neben kleinen Altärchen, Vasa sacra und einem bemerkenswerten Bronzekreuz des späten 12. Jh. die Stücke des 1930 in der Mensa des Hauptaltars gefundenen sogenannten Reliquienschatzes ausgestellt, darunter u. a. acht Tonapostel, zwei Kopfreliquiare, Monstranzen und weitere Reliquienbehältnisse." (Denkmalliste)

Zu den oberen Geschossen gelangt man nur über einen Treppenturm, der bei den Scalalogen wegen seiner gegenläufiger Wendeltreppe als kunsthistorisch bedeutsam geschätzt wird. Der weithin sichtbare Turm von St. Andreas besitzt im obersten Geschoss eine Türmerwohnung um die ein Umgang herumführt. Aus barocker Zeit stammt der Turmhelm mit seiner offenen Kuppellaterne.

Im Inneren beeindrucken die Gewölbe des Hallenchors. Hier befinden sich zahlreiche „Schlußsteine mit vorwiegend christologischen Motiven, dazu die Evangelistensymbole, einige Heilige, das Stadtwappen, Kopf- und Gestirnsdarstellungen, Pflanzenwerk. Auch Bilder des Dämonischen, Bösen und Deformierten haben in dem als Abbild des Himmels verstandenen Gewölbe innerhalb der als Gesamtthematik zugrunde gelegten, göttlichen Ordnung ihren Platz. Eine architektonische Besonderheit stellt der hängende Schlussstein in der nördlichen Kapelle dar. Bauschmuck findet sich besonders in und an dem südlichen Anbau mit der Michaelskapelle. Ein Inschriftenstein rechts vom Eingangsportal erinnert an die ältere Kirchenweihe 1327." (Denkmalliste)

Der Andreasaltar, der vor 1930 in der nördlichen Seitenkapelle stand, wurde um 1500 gefertigt und besitzt eine Breite von sechs Metern. Seine „Malereien scheinen von der Nürnberger Schule um Michael Wolgemut beeinflusst. Seitlich neben der Schreinfigur des Kirchenpatrons, eines sitzenden Andreas, sind auf sechs hochrechteckigen Flügelbildern die Apostel Simon, Johannes, Petrus, Paulus, Jakobus und Judas Thaddäus dargestellt. Die Rückseiten zeigen Darstellungen der Heiligen Sebastian, Wolfgang, Georg und Christophorus, dazu Rankenwerk. Nicht ursprünglich zugehörig ist die Predella. Auf ihr sind neben einem musizierenden Engel der Evangelist Johannes und der Kirchenpatron Andreas abgebildet." (Denkmalliste)

Der Sebaldusaltar in der nördlichen Kapelle aus dem Jahre 1496 birgt im Zentrum die Figur Mariens mit Kind auf der Mondsichel. Flankiert wird sie von den Figuren des hl. Sebald und eines Mönchs, mit dem man den hl. Benedikt verbindet. Die Hll. Antonius Abbas und Sebastian sind innen als Flachreliefs zu sehen, während außen auf zwei Gemälden die Verkündigung Mariens und zwei Szenen aus der Sebaldus-Vita abgebildet sind. „Während der Flügelaltar stilistisch als nürnbergisch geprägtes Werk eines einheimischen Künstlers gilt, werden in der etwa zeitgleich entstandenen Predella Einflüsse des Ulmer

Blick auf den Altar von 1500 (k)

Schulkreises vermutet.“ (Denkmalliste) Noch im Umgang des Chores erhebt sich der aus der Zeit um 1500 stammende Marienaltar, der in Form eines Kastenaltars angefertigt wurde. Öffnet man die Flügel, erkennt man die Figur Mariens, „die von einem reliefierten Strahlenkranz hinterfangen und auf den Flügelflächen von vier gemalten, musizierenden Engeln flankiert wird. Im geschlossenen Zustand fügen sich die Rückseiten der beiden äußeren Flügelbereiche an der Stirnseite des schrankähnlichen Aufbaus zu einer Darstellung der Verkündigung Mariens zusammen.“ (Denkmalliste)

Die sandsteinerne Kanzel von 1566 weist am Korpus Maßwerkblenden und am Aufgang ein durchbrochenes Maßwerk auf. Ebenfalls eine Sandsteinarbeit mit Maßwerkschmuck ist der Taufstein in der Taufkapelle aus der Zeit um 1500.

Als kirchengeschichtlich besonders wertvoll gilt das Konfessionsbild von Wolff Eisenmann aus dem Jahr 1606. Es besitzt eine Breite von über fünf Metern und hängt an der Wand des nördlichen Seitenschiffs. Auf dem Gemälde ist die Übergabe der „Confessio Augustana“ an Kaiser Karl V. abgebildet. Im Zentrum sind die bedeutenden Bestandteile der protestantischen Liturgie zu sehen. „Wohl mit typologischem Bezug auf Kaiser Karl V. und dessen Haltung gegenüber den Protestanten ist im linken unteren Bildfeld die Rettung des Volkes Israel vor dem Pharao am Roten Meer gezeigt. Mit den beiden oberen Seitenbildern ergibt sich eine ty-

pologische Beziehung zwischen dem Passahmahl, das dem Auszug aus Ägypten vorausging, und dem Abendmahl Christi." (Denkmalliste)
Zum ikonographischen Programm von St. Andreas gehören noch weitere bildliche Darstellungen im Kirchenraum, darunter die beiden um 1560 entstandenen Bilder mit knienden Männern und Frauen, eine Darstellung der Dreifaltigkeit (um 1580), eine Kreuzigungsszene sowie Holzarbeiten des Weißenburger Bildhauers Karl Hemmeter; darunter ein lebensgroßer Kruzifixus von 1928, der erste große Auftrag des aus Weißenburg stammenden Bildhauers.

Ehem. Spitalkirche St. Fabian und St. Sebastian

Chor und nördliches Portal der Weißenburger Spitalkirche. Portal mit den Figuren Marias mit dem Kind und der hl. Katharina (k)

Auch die Reichsstadt Weißenburg besaß ein eigenes Spital, das um 1447 gegründet wurde. Man vermutet, dass zeitgleich mit dem Bau der Kirche „Zum Heiligen Geist" begonnen wurde. Deren Fertigstellung konnte jedoch wegen finanzieller Engpässe erst 1493 bewerkstelligt werden. In den Jahren 1728 und 1729 entschloss man sich zu einem Umbau des Turms (ehem. südliches Stadttor) und des Langhauses im barocken Stil. Außen fällt nur das Nordportal wegen seines Dekors auf. Flankiert wird es von den Figuren Marias mit dem Kind und der hl. Katharina. „1966 wurden sie

durch Kopien des Ellinger Bildhauers Uwe Günther ersetzt, der 1977 auch für das Westportal stilistisch nachempfundene Steinfiguren der hll. Elisabeth und Sebastian schuf." (Denkmalliste)
Für die Innenraumgestaltung bzw. für die Stuckierung lieferten der Eichstätter Baudirektor Gabriel de Gabrieli und der Eichstätter Hofbildhauer Matthias Seybold die Entwürfe. Joseph Dietrich, Eichstätter Maler, fertigte die Deckenfresken im Chor und im Langhaus. Die Orgel ist eine Schöpfung des Oberbrüdener Künstlers Gottfried Pfähler aus dem Jahr 1789. Das heutige Orgelwerk ist jüngeren Datums: Es wurde in den Jahren 1975 und 1976 eingebaut. 1995 und in den Folgejahren mussten wegen Schäden am Dachstuhl und an der Decke des Langhauses die Stuckdecken, die Deckengemälde sowie der gesamte Innenraum restauriert werden. Die drei Deckenfresken im Chor zeigen Motive mit der Himmelfahrt von Elias, der Himmelfahrt Christi sowie das Bild „Johannes erblickt das himmlische Jerusalem". „Im Langhaus sind um das zentrale, auf das Patrozinium bezogene Deckenbild mit der Aussendung des Hl. Geistes an Pfingsten je zwei Bilder in der Querachse (Übergabe der Gesetzestafeln an Moses, Taufe Christi) und in der Längsachse (Verkündigung Mariens, Verklärung Christi; beide Melchior Puchner zugeschrieben) angeordnet. Das zugrunde liegende Thema ist der göttliche Wille, der sich über das Pfingstgeschehen hinaus in weiteren Offenbarungen und Verheißungen den Menschen zeigt." (Denkmalliste)
Sehenswert sind auch die Wandmalereien an der Südwand des Langhauses aus der Zeit um 1480. Sie wurden 1960 und bei späteren Restaurierungsarbeiten in den Jahren 1998 und 1999 größtenteils freigelegt und zeigen auf den ursprünglich mehr als 30 Bildfeldern das Leben Jesu. Sie stammen „von einem bedeutenden Künstler aus der Werkstatt Wolgemut oder aus deren Umfeld" (Ursula Schädler-Saub).
Auch an der Nordwand des Chores ist ein umfangreiches Bildprogramm erhalten geblieben. Die Gemälde aus der Zeit um 1500 „stammen nach stilistischen Erwägungen von einem anderen Meister, der stärker mit einem graphischen, linearen Duktus gearbeitet hat. Mit dieser feinzeichnerischen Ausführung erreicht der Künstler besonders bei den Gewandpartien eine hohe Qualität. Das westliche, längsrechteckige Bildfeld zeigt die um eine zentrale Mariendarstellung gruppierten Vierzehn Nothelfer. Direkt anschließend findet sich die Marterdarstellung des hl. Achatius, der zusammen mit den 10 000 Rittern gepfählt wurde. Auch im Bereich der Chornordwand gab es weitere Bilder, zeitweilig aufgedeckt war in den 1960er

Jahren über den Nothelfern eine Christophorus-Darstellung. Die Wandmalereien gehören zu den wichtigsten erhaltenen Resten ihrer Gattung in der Region um Weißenburg. (…) Über die künstlerische Qualität hinaus ist besonders der Leben-Jesu-Zyklus durch seine Ausführlichkeit, die großflächige Darstellung und die inschriftliche Datierung ein Werk von besonderer Bedeutung. Im süddeutschen Raum finden sich keine vergleichbaren Beispiele aus dieser Epoche.“ (Denkmalliste)
Noch vor der Stilbereinigung 1728/29 wurde der Altar aufgestellt, eine Stiftung von Bürgermeister Zacharias Sonnenmeyer aus dem Jahre 1712. „Sein Aufbau zeigt die in der Region nahezu einzigartige Kombination eines freiplastischen Kruzifixes mit einem schreinartigen Aufbau und Hintergrundmalerei. Den Aufbau rahmt ein großflächiger Streifen aus Akanthusranken.“ (Denkmalliste) Die Kanzel wurde bereits 1675 eingebaut. Die Verzierungen mit Rankenwerk und gewundenen Ecksäulen sind qualitativ hochstehend.

KATH. DEKANAT
Holzgasse 3, Tel. 85860, Fax 858686; katholische-pfarrgemeinde@vr-web.de
www.pfarrei-weißenburg.de

KATH. PFARREI,
Pfarramt, Holzgasse 3
Tel. 85860
weissenburg@bistum-eichstaett.de
Pfarrkirche St. Willibald
Holzgasse 1, tagsüber geöffnet
Heilig-Kreuz-Kirche,
Jahnstraße 41
Kapelle im Caritasaltenheim
(St. Walburga),
Filialkirche Dettenheim
(St. Gunthildis)
Ökumenische Kapelle
Suffersheim
(St. Gunthildis)
Info Kath. Dekanat WUG
Pfarreienverbund WUG

Kath. Pfarrkirche St. Willibald

Am 20. Juli 1869 konnte für eine Kirche der katholischen Gemeinde im protestantischen Weißenburg die Grundsteinlegung erfolgen. Beendet wurde der neugotische Bau mit der Weihe am 26. September 1871. Das Hauptportal wird von den baldachinbekrönten Figuren der hll. Petrus und Paulus flankiert. „Bereits 1938/40 vollzog man eine einschneidende Veränderung des Innenraums, bei der ein aus Nürnberg erworbener Hochaltar aufgestellt, die ursprüngliche Bemalung der Wände (darunter auch die Wandbilder mit Muttergottes und Joseph über den Seitenaltären) übertüncht und dafür neue Bilder am Chorbogen und an den Emporen ausgeführt wurden. (…) Auch wenn

sich der Innenraum seit der Umgestaltung der Jahre nach 1938 nicht mehr im originalen, großflächig mit Wandmalereien geschmückten Zustand zeigt, vermittelt er noch recht anschaulich einen klar gegliederten, historisierenden Raumeindruck. (...) Als Ergänzung zur neugotischen Ausstattung kamen bereits zur Erbauungszeit zwei Gemälde des frühen 16. Jahrhunderts in den Kirchenraum. Sie wurden in die Seitenaltäre integriert: nördlich am Mutter-Gottes-Altar die Darstellung der Marienkrönung und südlich am Josephsaltar die Anna selbdritt. Die um 1510 datierten Bilder kamen wohl aus Ingolstadt nach Weißenburg, ihre künstlerische Provenienz

St. Willibald in Weißenburg (k)

wird im Augsburger Umkreis und in der Nachfolge von Hans Holbein d. Ä. vermutet. 1937 erwarb der damalige Stadtpfarrer Joseph Heindl einen spätgotischen Flügelaltar aus Nürnberger Privatbesitz, welcher 1939 im Zuge der damaligen Renovierung als Hochaltar aufgestellt wurde. Vor der Chornordwand

stehen eine spätgotische Willibaldsfigur und eine Walburgafigur. – Als Gefallenendenkmal für den Ersten Weltkrieg gestaltete der Weißenburger Bildhauer Karl Hemmeter 1929 einen Kruzifixus mit seitlichen Inschrifttafeln." (Denkmalliste)

Linke und rechte Seite oben: moderne Architektur der katholischen Heilig-Kreuz-Kirche (k)

Kath. Heilig-Kreuz-Kirche

Am 30. August 1964 wurde die zweite katholische Kirche Weißenburgs in der Galgenbergsiedlung geweiht. Das Konzept stammt von Alexander von Branca, der hier ein ganzes Areal mit Kirche, Kindergarten, Jugendheim, Gemeinderäumen, Pfarrbücherei und Wohnungen gestaltete. Der freistehende Glockenturm befindet sich neben dem Gotteshaus, dessen Fassaden mit Jurakalkstein verblendet wurden. „Der Kirchenraum selbst ist in der seit frühchristlicher Zeit tradierten architektonischen Umsetzung des griechischen Kreuzes gestaltet. Seitlich, dem kreuzförmigen Hauptraum zugeordnet, befinden sich im Sockelgeschoss vier Anräume (zum Teil als Kapellen angelegt), so dass sich im Gesamten eine quadratische Grundfläche ergibt. Die verwendeten Baumaterialien prägen nachhaltig die Außenansicht und den Innenraum. Die hochragenden Wände zeigen eine durch Ziegellagen horizontal gegliederte Verblendung aus Bruchsteinen. Die Stirnwände der Kreuzar-

me sind bis auf das über dem Sockelgeschoss durchlaufende Betonband weitgehend aus Ziegelmauerwerk errichtet. Den Hauptraum decken flache, von außen nicht sichtbare Dächer, die innen mit Holz verschalt sind. Dreieckige Fensteröffnungen an den Stirnflächen spielen mit dem Motiv der Giebelform, zusätzlich existiert mittig eine quadratische Lichtöffnung. Charakteristisch für die liturgischen Bewegungen dieser Zeit wurde der Altar, als Volksaltar erhöht gestaltet, vorgezogen und die Bankreihen an drei Seiten gruppiert.“ (Denkmalliste)

Kapelle im Kreiskrankenhaus

Das von den Architekten Hackl/Amon, München, geplante Kreiskrankenhaus Weißenburg wurde 1985 fertiggestellt. Im obersten Geschoss liegt die ökumenische Kapelle, ein längsgerichteter Saal, der von einer Halbtonne überspannt wird. Einzige Lichtquelle ist die vollverglaste Westwand.

Ein Kreuz, farblich und grafisch gestaltet, zerlegt das einfallende Licht.(k)

Kirchenkunst im Krankenhaus

Der Künstler der Weißenburger Krankenhauskapelle ist der in Emetzheim bei Weißenburg geborene Georg Karl Pfahler, einer der Großen der zeitgenössischen Malerei in Deutschland. Das Tonnengewölbe gestaltete er pointilistisch: Tiefes Blau verdichtet sich zum Scheitel hin, während es sich zum Fuß hin lichtet und mehr und mehr mit Rot mischt. Das Farbspiel setzt sich an den Wänden fort, die Farben werden differenzierter, subtiler und lösen sich als Spektrum des Regenbogens auf, die Raumgrenzen werden transparent. Vor der großen Fensterwand steht der Tischaltar, darauf das Werk eines anderen bedeutenden Weißenburger Künstlers, des Bildhauers Karl Hemmeter: Ein Bronzekruzifixus, dessen Kreuzesbalken sich als große Fläche öffnen. (s)

WENGEN

Ortsteil der Gemeinde Nennslingen
T 09147 PLZ 91790

EVANG.-LUTH. GEMEINDE
Pfarramt Nennslingen
Marktplatz 4, Tel. 95020
Kirche, Schlüssel auf Anfrage im Pfarramt; Info Evang.-Luth. Dekanat WUG

Evang.-Luth. Filialkirche

1816 wurde die Kirche anstelle eines abgebrannten Vorgängerbaus „als einfacher, klassizistischer Bau in drei Achsen mit westlich angefügtem Turm errichtet“ (Denkmalliste). Die mit einer Tonne gewölbte Sakristei befindet sich im unteren Geschoss des Turmes.
Die Inneneinrichtung erfolgte in der Bauzeit. „An der Nordwand hat sich unter der Orgelempore ein Steinrelief aus dem Jahr 1492 erhalten. Es stammt wohl von einer spätgotischen Sakramentsnische, erkennbar ist das von einem Stifterpaar flankierte Schweißtuch Christi.“ (Denkmalliste)

„Kirche ohne Namen“ in Wengen (s)

WESTHEIM

Gemeinde,
T 09082 PLZ 91747

EVANG.-LUTH. GEMEINDE
Pfarramt Westheim, Hauptstraße 14, Tel. 2483; Kirche St. Pankratius; Info Evang.-Luth. Dekanat HDH

Evang.-Luth. Kirche St. Pankratius

Eine Kirchenweihe unter Bischof Gundekar von Eichstätt ist zwischen 1057 und 1075 belegt. Das Patronatsrecht über die Kirche lag zunächst bei den Herren von Truhendingen, ging dann an das Kloster Heidenheim und nachfolgend an die Markgrafen von Brandenburg-Ansbach über. Von einem Nachfolgebau aus dem 15. Jahrhundert ist der Turm erhalten, nach Zerstörungen im Dreißigjährigen Krieg errichtete man ab 1680 daran ein neues Langhaus. 1769 wird bei einer Reparatur unter Johann David Steingruber eine neue Westtür eingebaut. 1798 verlängerte man das Langhaus nach Westen und errichtete den Kanzelaltar. Wegen Baufälligkeit wurde der Turm 1823 bis 1826 erneuert, dabei um ein Geschoss aufgestockt und mit einem achteckigen, farbig gedeckten Spitzhelm versehen. Weitere Erneuerungen und Renovierungen erfolgten 1898, 1935 und 1973 bis 1977.

Die Kirche St. Pankratius in Westheim ist mit einer typischen Kanzelaltarwand ausgestattet, an der sich Altar, Kanzel und Orgel in einer Vertikalen übereinander befinden. (s)

Dem nach Norden aus der Achse gerückten, viergeschossigen Turm ist das dreiachsige Langhaus mit an beiden Seiten abgewalmtem Dach angebaut. Seit Ende des 18. Jahrhunderts verfügt der Innenraum über eine Ausstattung in der Tradition markgräflicher Barockkirchen mit Kanzelaltar und Orgel darüber. Über dem Altar gibt es ein rundbogiges Bild aus dem 18. Jahrhundert, das die Kreuzabnahme zeigt, seitlich neben dem Altar zwei rechteckige Türen, schräg darüber auf Kanzelhöhe zwei Bilder aus dem 19. Jahrhundert mit Darstellungen der Geburt und der Auferstehung Christi. Die Orgelempore über der Kanzelaltarwand läuft nach Süden bis zur Außenwand durch, an der Nordseite endet sie am eingestellten Turm, dort steht die Orgel mit einem einfachen, fünfteiligen Prospekt. Die an drei Seiten im Kirchenraum umlaufende Empore beginnt an der Kanzelaltarwand. Unterhalb der Empore sitzen querrechteckige, darüber hohe, rundbogige Fenster.

WETTELSHEIM
Ortsteil der Stadt Treuchtlingen, T 09142 PLZ 91757

EVANG.-LUTH. GEMEINDE
Pfarramt Wettelsheim-Bubenheim, Pfarrgasse 6, Tel. 8413
pfarramt.wettelsheim@elkb.de
Christuskirche, Pfarrgasse 1, am Wochenende geöffnet
weitere Kirchen: Martinskirche, Friedhofweg; Bubenheim (Hl. Kreuz); Info Evang.-Luth. Dekanat Pappenheim

Evang.-Luth. Christuskirche

Unter der Leitung des markgräflichen Landbauinspektors Johann David Steingruber wurde in den Jahren 1756 und 1757 die Wettelsheimer Christuskirche anstelle einer alten Marienkapelle errichtet. Das Gotteshaus befindet sich inmitten des ehemaligen wülzburgischen Amtshofes und war

Die Markgrafenkirche in Wettelsheim (k)

Kanzelaltar mit sog. Speisgitter (k)

einst von einer Mauer umgeben, von der noch heute einige Reste erkennbar sind. Das geringe Platzangebot, aber auch liturgische Gründe (vgl. Wald) mögen für den Neubau ausschlaggebend gewesen sein. Steingruber hat sich hier, wie auch andernorts, für einen Querbau entschieden, so dass der Turm der mittelalterlichen Vorgängerkirche zunächst erhalten werden konnte. 1866 war er dann doch so baufällig geworden, dass man den Gunzenhäuser Baumeister Gustav Renner um Pläne für einen Neubau bat. Markant sind am Turm das polygonale Obergeschoss und der Spitzhelm. An beiden Seiten des quergerichteten Saals befinden sich jeweils mittig Anbauten: Im Westen wurde der Turm angefügt und im Osten die Sakristei und die Orgelempore in einem polygonalen Bau untergebracht. Der Kanzelaltar und die Emporen sind die typischen Merkmale einer protestantischen Predigerkirche des 18. Jahrhunderts. Dass es sich dabei um eine protestantische Kirche handelt, ist unschwer an den Portraits von Luther und Melanchthon neben der Kanzel zu erkennen. Dass es sich um eine echte Steingruberkirche handelt, verrät das Baudatum mit den Initialen Steingrubers („17 IS 57") an der Brüstung der Kanzel.

Evang.-Luth.
Friedhofskirche St. Martin

„Das Martinspatrozinium läßt auf eine frühe, wohl bereits zu karolingischer Zeit erfolgte Gründung dieser ehemaligen, ‚alten' Pfarrkirche schließen. Erwähnt wird eine Kirchenweihe in Wettelsheim jedoch erstmals unter Bischof Gundekar II. im 11. Jahrhundert. Von diesem frühen Bau ist heute nichts mehr nachweisbar; in ihrer Grundstruktur stammt die heutige Kirche aus dem 14. Jahrhundert." (Denkmalliste) Um die Mitte des 17. Jahrhunderts begannen die Herren von Leubelfing aus Falbenthal die Kirche als Grablege zu nutzen. 1515 hatte der letzte Abt des Klosters Wülzburg, Veit von Gebsattel, den Altar gestiftet, der heute in der Wettelsheimer Martinskirche steht. Es handelt sich um eine Schöpfung

Oben und unten: St. Martin (k)

aus der Werkstatt von Sebastian Dayg, dem Schwiegersohn des Malers Hans Schäufelein aus Nördlingen. „Die Predella zeigt seitlich Papst Leo X. und den Stifter des Altars, Veit von Gebsattel, dazwischen eine kleine Pietàgruppe. Der weitgehend schmucklose Mittelteil birgt im Schrein die Figur des hl. Martin, flankiert von den hll. Benedikt und Stephanus. Die Seitenflügel bieten Reliefdarstellungen Johannes des Täufers und des hl. Georg. Die Malereien an den Flügelrückseiten sind kaum mehr erkennbar. In stilistischer Hinsicht sind die Schnitzwerke des Altars noch stärker der spätgotischen Formensprache verhaftet als die Malereien.“ (Denkmalliste) Reste einer umfassenden Ausmalung sind im östlichen Gewölbe des Chorraums erkennbar. Blütenranken sind dort zu sehen sowie als Attribut für den Evangelisten Matthäus eine engelartige Gestalt. Das Chorgestühl und der Taufstein stammen noch aus der Zeit um 1500. Etwas älter dürfte die spätgotische Figur des hl. Sebastian an der Chorwand sein. „Die mit 1700 bezeichnete Kanzel ist auf einer korinthischen Säule errichtet, den Korpus zieren gerahmte Felder, Blumen- und Fruchtgehänge sowie kariathydenartige Engel an den Voluten des Korpussockels. Ungewöhnlich ist der inschriftliche Verweis auf vier alttestamentarische Propheten (Ezechel, Daniel, Hosea,

Grabdenkmäler auf dem Friedhof der Martinskirche in Wettelsheim (s)

Joel) an einer Kanzel.“ (Denkmalliste) Zahlreiche Epitaphien aus dem 17. und 18. Jahrhundert erinnern an die Herren von Leubelfing in Falbenthal. Prominent war der hier bestattete Johann von Leubelfing (gest. 1648), weil sein Sohn August als Page des schwedischen Königs Gustav Adolf in die Annalen der Geschichte einging.
Besonders sehenswert sind vor der Kirche, auf dem umgebenden Friedhof, einige Grabmäler des 19. und frühen 20. Jahrhunderts in klassizistischer und neugotischer Form, die zum Schutz vor der Witterung unter einem Holzbaldachin aufgestellt wurden. Noch innerhalb der Mauern des Friedhofs befindet sich „ein recht pompöses Kriegerdenkmal von 1924 (erweitert 1961)“ (Denkmalliste).

WINDISCHHAUSEN
Ortsteil der Stadt
Treuchtlingen
T 09142 PLZ 91757

EVANG.-LUTH. GEMEINDE
Pfarramt Auernheim
Kurzgasse 22, Auernheim,
Tel. 8874; Kirche St. Zeno
Info Evang.-Luth.
Dekanat HDH

Kirche in Windischhausen (Roth)

Evang.-Luth. Kirche St. Zeno

Bereits im 11. Jahrhundert wurde die Windischhausener Kirche unter Bischof Gundekar von Eichstätt geweiht. Sie war von einem Friedhof umgeben. 1873 musste der einsturzgefährdete Bau abgebrochen werden und einem Neubau weichen. Dieser konnte 1875, an neuer Stelle in der Ortsmitte, im Stil der Neugotik fertig gestellt werden.

„Der Neubau (…) ähnelt in der Gesamtgestaltung den etwa zeitgleich erbauten evangelischen Kirchen in Döckingen und Hechlingen. St. Zeno wirkt wie eine etwas kleinere Variante dieser Bauten, eine Einflußnahme Gustav Renners auf den Bau scheint nicht ausgeschlossen.“ (Denkmalliste)
Die Innenausstattung erfolgte ebenfalls in neugotischen Formen. Der Altar vor dem Chor, in dem sich die Sakristei befindet, zeigt auf dem Altargemälde den Gekreuzigten.

WINDSFELD
Ortsteil der Gemeinde
Dittenheim, T 09834 PLZ 91723

EVANG.-LUTH. GEMEINDE
Pfarramt Dittenheim,
Sammenheimer Str. 5
Tel. 309; Evang.-Luth. Kirche
St. Gangolf
Info Evang.-Luth.
Dekanat GUN

Evang.-Luth. Kirche St. Gangolf

Von der alten Bausubstanz aus dem 15. Jahrhundert ist neben dem Chor nur noch das untere Geschoss des Turmes erhalten geblieben. Sein markantes, weithin sichtbares oktogonales Obergeschoss erhielt der Turm im Jahre 1718. Markant sind die bunt glasierten Ziegel des spitzen Turmhelms. 1980 musste man das Langhaus, das erst 1823 von heimischen Bauleuten errichtet worden war, grundlegend sanieren, um es vor dem Verfall zu bewahren. Der Chorraum im unteren Turmgeschoss besitzt noch sein spätgotische Kreuzrippengewölbe. In die Nordseite ist eine Tabernakelnische mit einem Holzschrein eingelassen, der von Quadern umrahmt ist. Einige Epitaphien aus dem 17. und 18. Jahrhundert befinden sich ebenfalls im Chorraum. Der einfache Altar und die Barockkanzel stammen noch aus dem Vorgängerbau.

Linke Seite und oben: St. Gangolf in Windsfeld (s, k, Schwab)

WÜLZBURG
Ortsteil der Stadt Weißenburg
T 09141 PLZ 91781

EVANG.-LUTH. GEMEINDE
Pfarramt Weißenburg,
Pfarrgasse 5, Tel. 97460
Nikolauskapelle
Schlüssel auf Anfrage im Pfarramt; Info Evang.-Luth. Dekanat WUG

Evang.-Luth. Kapelle St. Nikolaus

Um 1600 wurde an der Stelle der ehemaligen Benediktinerabtei St. Petrus und Paulus aus dem 11. Jahrhundert die Landesfestung Wülzburg der Markgrafen von Brandenburg-Ansbach errichtet. Im Innenhof entstand ein zweiflügeliges Schloss. 1634 wurde es durch einen Küchenbrand stark beschädigt. Mit der Wiedereinweihung der Kapelle im Südflügel des Schlosses 1675 war der Um-

bau der Anlage zu einer Kaserne abgeschlossen worden. Von außen ist der Sakralbau nur durch das besondere Portal neben der Reitertreppe erkennbar. Die Einrichtung der Kapelle stammt aus der Zeit des Wiederaufbaus. Der Kanzelaltar vor der westlichen Stirnwand wurde erst 1738 aufgestellt, nachdem man die Kapelle an beiden Enden um ein Stück verkürzt hatte. Das markgräfliche Wappen an der Ostempore zeugt noch vom Bauherrn der Umbauarbeiten. „In bayerischer Zeit wurde die Kapelle ab dem frühen 19. Jh. von beiden Konfessionen genutzt, wie ein katholischer Weihwasserstein von 1815 neben dem Eingang

bezeugt. 1864 nahm man erneut Veränderungen an dem Kirchenraum vor, wobei seitliche Emporen der Barockzeit entfernt, die Fenster vergrößert und der Raum etwas schlichter gestaltet wurden. 1995/96 erfolgte eine

Linke und rechte Seite: Burgkapelle auf der Wülzburg (k)

Der Erbärmdechristus

Der Erbärmdechristus als die zentrale Gestalt auf dem Grabstein macht deutlich, dasss die Menschen des 15. Jahrhunderts den Kreuzestod Christi nicht isoliert als Erlösungstat betrachteten, sondern ihn zusammen mit der gesamten Leidensgeschichte und der Auferstehung als Einheit sahen. Mit dem Erbärmdechristus hat das 15. Jahrhundert ein neues Andachtsbild geschaffen. Hinzu tritt der Verstorbene oder der Stifter, der das Heilsgeschehen für sich ganz persönlich und unmittelbar in Anspruch nimmt und sich darin vertieft. Damit wird das Bild des Erbärmdechristus zusammen mit dem des Anbetenden zu einem Zeugnis persönlicher Frömmigkeit. Ähnliche Darstellungen finden sich auch auf den Abtsgrabsteinen der ehemaligen Klosterkirche Heidenheim (b)

Sanierung des Innenraumes. (...) Einziger erhaltener Rest des früheren Klosters ist der neben dem Eingang eingesetzte Grabstein aus rotem Marmor für den 1449 verstorbenen Abt Wilhelm. Das von einer Umschrift mit gotischen Minuskeln umgebene Bildfeld zeigt im unteren Bereich den vor dem Lesepult knienden Abt.

Zu seinen Seiten finden sich die Arma Christi, Lanze und Stab mit Essigschwamm leiten optisch zum Erbärmdechristus über. In Rundfeldern seitlich des nach oben abschließenden Kielbogens sind Büsten der beiden Klosterheiligen Petrus und Paulus dargestellt.

Der Stein ist äußerst qualitätvoll gearbeitet und kann dem Künstler Johann de Sabatiis oder Sabaria zugeschrieben werden (Mader/Gröber 1932, S. 501), von dessen Hand das stilistisch vergleichbare Grabdenkmal für Sophia von Hirschberg in der Eichstätter Peterskirche gesichert ist.“ (Denkmalliste)